编著团队

张兆弓　黎晓晴　于　上　韩　鸽　张诗千

前　言

　　信息技术带来的新技术革命正呈现出指数型发展趋势，改变着具有核心价值的系统性创新设计的发展。

　　游戏是个古老的概念，而电子游戏则是相对年轻的产物。伴随着计算机技术的发展，电子游戏在西方已经诞生了46年，在中国也已经有了约20年的发展历程。和传统的媒介相比，电子游戏的历史很短，但却是未来媒体内容的重要的表达方式，电子游戏超越了传统媒介，极大程度地改变着人们的生活形态、社交方式甚至信息接受形式，已经成为当前最为大众化、最具影响力的媒介形式之一，深刻地影响着我们的生活，尤其是对未来的社会中坚力量以及新生代人群，影响更为深远。因此，探索应用类游戏以及游戏情感设计，探索游戏的正向价值，助推数字娱乐产业发展也是中央美术学院的历史使命。

　　科技的进步必然会带来社会的转型，我们必须对信息时代数字科技发展给予高度的重视和预判，中央美术学院城市设计学院从2015年开始，进行了全面的学科梳理，以提升城市艺术品质，影响城市生活方式，践行文化产业发展为核心目标，形成了"艺术城市""创意城市""文化城市"三大教学研究方向。

　　时至今日，国内的游戏行业，伴随着互联网人口红利的起落，以及科学技术的进步，在经历了爆发性的成长后，迎来了"从规模转向质量"的转型期，游戏也突破了所谓的娱乐边界，正在积极地与文化、艺术、教育、医疗等领域跨界融合。

在这样的背景下，中央美术学院城市设计学院的师生们经过了近两年的筹备，联合中国文化娱乐行业协会于 2018 年共同主办了首届"重识游戏——功能与艺术游戏大展"，邀请全球近 100 组游戏作品参展。

在展览上，我们看到了很多让人感动的初心，令人震撼的过程。有创作者用游戏的媒介展现并致敬世界名著——《瓦尔登湖》；还有创作者通过游戏交互模拟盲人感知世界的方式——《视觉之上》；也有来自父爱的关怀，一个"给孩子制作的"电子玩具——《艾兰岛》；甚至还有一位癌症患者亲历调研并投资了一款游戏——《肿瘤医生》，试图还原癌症的治疗过程，帮助玩家战胜病魔。

面对这些触动，我们免去所有形式上的华丽设计，也没有放大游戏自身交互的优势，更没有匆匆地做任何主观的评判，而是追根溯源，把有关创作的灵感、过程的文字以及制作中的文件资料展现给大家，因为每个人心中都有自己对游戏的定义，也许看过这些展览资料后，您会重新认识自己心中的"游戏"。

2018 年功能与艺术游戏大展

部分实物展出细节

观众在翻看游戏创作者的手稿图

图书墙前阅读游戏制作人推荐书籍的观众

展览现场观众

展览现场论坛活动

目 录

艺术与创造

Art and Creation

Study

学习

社会与文化

Society and Culture

健康

艺术与创造

这些游戏融合多种媒介的表现手法，

利用游戏的交互语言，

展现出其作为"第九艺术"的独特魅力。

Art
and
Creation

庇护所 2（Shelter 2）

——"自然与生命，美丽与严酷"

瑞典｜Might and Delight｜2015

　　大自然的美丽与严酷并存。在《庇护所 2》中，玩家第一眼会被游戏中的惊艳景色吸引，以一只山猫母亲的视角开启冒险。游戏会追随这只山猫母亲的生命轨迹，为了即将诞生的幼崽，从生产开始，山猫母亲一步一步负担养育后代的责任。这款游戏让许多玩家大呼感受到了母爱的温情。

　　游戏中的大自然有着别致的俄罗斯装饰艺术的多边形风格，制作团

《庇护所 2》游戏画面

队通过三维建模，又加以纸艺风格的平面纹样，打造出颇具装饰性的仿二维风格，画面制作精良。虽然整个游戏没有一句台词，但栩栩如生的小动物，惟妙惟肖的森林、沼泽、冰湖、平原，还有四季更替流转所呈现的变化等，每个场景都令人流连忘返。

《庇护所2》游戏美术

　　游戏诠释了自然世界中的生命与死亡历程，具有朴素却触动人心的力量。

　　　开发者语

　　　　"我们风格的出发点，即简单的色块和形状，洗练、平面、纯真、反复，在三维风景的景深上努力创造平面视觉图像。我们大刀阔斧地牺牲了图像的易读性、规范性和对比度，以坚持我们虚无的哲学。"

彩虹坠入（Iris. Fall）

——"'光'与'影'的魔法"

中国｜腾讯 NExT Studios｜2018

　　这是一款拥有独特艺术风格的解谜游戏，游戏的核心概念是"光"与"影"，这个概念贯穿了美术、剧情以及谜题的设计。以黑白对比为主的卡通渲染画面，结合光与影的画面表现，给玩家带来一种充满

《彩虹坠入》主视觉图

惊奇感的探索体验。

2020 第二届中国原创艺术类精品游戏大赛：最佳音乐音效奖
2018 游戏连接（Game Connection Europe）：最佳艺术奖
2018 DevGAMM 游戏产业大会：最佳大奖（Grand Prize）、最佳视觉艺术、最佳电
     脑桌面游戏（Best Desktop Game）
2018 中国独立游戏大赛（indiePlay）：最佳视觉艺术（提名）

《彩虹坠入》主设计图　这张主设计图已经完美诠释了游戏中的几个重要的要素：光与影、小女孩与黑猫、冒险与解谜。

　　游戏讲述了一个女孩跟随流浪黑猫进入一座陈旧的剧院，随着冒险的深入，女孩发现自己已经坠入了一场奇妙的演出中。在游戏中，玩家将扮演小女孩，寻找剧院的出口，并揭露隐藏的真相。

　　《彩虹坠入》整个游戏是靠美术立项的项目，整个游戏的主要灵感来自于《潘神的迷宫》。游戏中精致的场景和人物原画，不仅展现了很高的艺术水平，也为推进剧情叙事做出了有力支撑。

《彩虹坠入》游戏画面

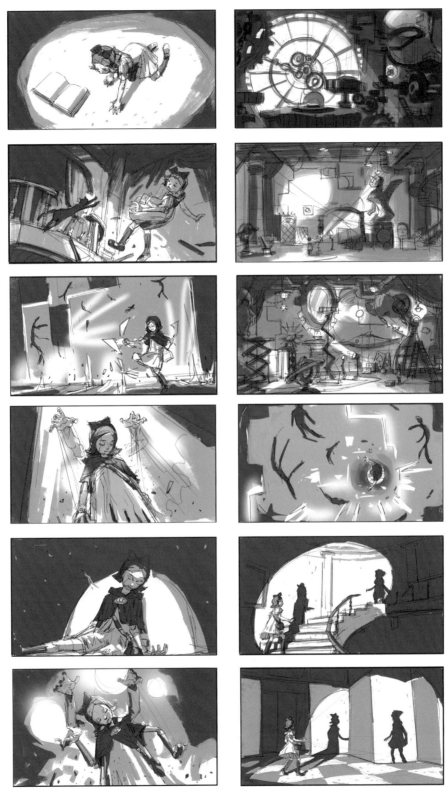

《彩虹坠入》部分动画分镜

疑案追声（Unheard）

——"用游戏的方式聆听故事"

中国｜腾讯 NExT Studios｜2019

　　《疑案追声》，一款通过听觉来解谜的侦探题材游戏。玩家将扮演一名"声探"，回到案发现场，倾听"过去的声音"，跟踪每段对话，找出幕后黑手，解开神秘悬案。游戏将广播剧式的极富感染力的音频表演与沉浸式戏剧的多线叙事手法结合，是用游戏的方式来讲述故事的一次艺术实验。

《疑案追声》主视觉图

2020 威比奖（Webby Awards）：最佳解谜游戏奖、最佳音乐/音效游戏（提名）

2020 IndieCade：Anywhere & Everywhere（入围）

2020 第二届中国原创艺术类精品游戏大赛：最佳设计奖

2019 西南偏南（SXSW）：玩家之声奖（提名）

2019 Gamescom：最佳独立游戏（提名）

2019 Indie Prize 独立游戏大赛：最佳叙事奖、最佳游戏音效奖

2019 巴西独立游戏节（BIG Festival）：最佳音效奖

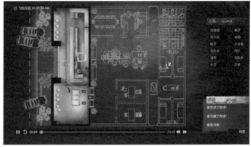

《疑案追声》游戏截图

《疑案追声》打破了传统的线性叙事，摒弃传统树状展开的叙事结构，一切的剧情发展都符合真实世界中多线并行、互相影响的逻辑，每个角色在每个节点都会与不同的支线发生交集。如果将《疑案追声》形容为一个广播剧，那么，每个玩家都是自己的剪辑师，因为他们听到的故事顺序会完全不同。

在《疑案追声》中，玩家的体验也与以往的游戏不同。在这里，听觉是玩家最为依赖的信息媒介，玩家可以自由地在场景中漫步，窃听各个角色之间的对话，探索空间中的各种音效。所有角色的形象完全由玩家自己在脑海中勾勒出来，整个故事最终呈现为玩家脑中的一幅拼图。

在 2018 年的"重识游戏——功能与艺术游戏大展"现场，游戏团队和策展团队共同设计了将该游戏机制还原到现实世界中的展陈方式：在展厅内搭建了被分割成数个独立小房间的展览空间，每个小房间里放有音响设备，所有音响都在共同的时间轨控制下播放，观众需要在不同房间中来回游走，听这些音响中的对话，推理还原出事件发生的先后顺序与真相。

苍白之夜（White Night）

——"鲜明的时尚恐怖电影"

法国 | OSome Studio | 2015

一款以黑白画面展现的侦探题材恐怖解谜游戏，玩家需扮演一名侦探，探索一座 20 世纪 30 年代的老宅中深埋的历史。游戏的一大特征即采用了真人实景拍摄、动作捕捉与动画制作相结合的制作手法，打造特殊的平面装饰黑白画面，具有极强的复古电影风格。

2015 游戏连接（Game Connection Paris）：最佳项目（Best Project）

2015 游戏连接（Game Connec-tion Paris）：最佳 PC 游戏（Best PC Game）

2015 游戏开发者大会（GDC Play）：最好玩游戏（Best in Play）

2015 法国 Ping 游戏大奖（Ping Awards）：最佳视觉艺术（Best Visual Art）

《苍白之夜》游戏海报　这款游戏的海报也致敬了老式侦探电影风格。

《苍白之夜》游戏灵感源点

　　《苍白之夜》在创作层面的一大特色就是从电影艺术中汲取了许多营养，包括电影的拍摄手法、镜头语言、叙事节奏等。其中一个最显而易见的特征是，不同于大部分游戏的常规摄像机位（例如始终跟随在主角正后方的第三人称视角，或固定角度的俯视视角等），当玩家操控《苍白之夜》的主角走入不同场景时，摄像机会根据场景的氛围、剧情的需要而切换到不同的视角。这种对镜头语言的运用带来了强烈的电影叙事感，玩家与角色之间产生了某种若即若离的关系——玩家既是操控者，也是观看者，这使得游戏过程颇具审美趣味。

《苍白之夜》中对不同镜头语言的运用

11

《苍白之夜》概念美术

　　游戏结合了阿尔弗雷德·希区柯克导演的手法，融合了鲜明的黑白视觉装饰，无论是人物设计还是氛围渲染，都创造出一种自己独特的风格。

《苍白之夜》中的服装设计

实景拍摄与动作捕捉

　　故事成形后，团队进行了为时两天的动作捕捉录制。这保证了出现在游戏中的每个动作的质量，最终为玩家带来非凡的感官体验。

工作室为游戏拍摄的真人版宣传片

茶杯头（Cuphead）

——"超高难度，致敬经典"

加拿大｜Studio MDHR｜2017

　　《茶杯头》是一款经典复古横版卷轴类射击游戏。虽然作品具有"魔鬼般"的操作难度，但仍受到众多玩家的喜爱，在发售两周年之际销量突破了 500 万份。《茶杯头》的艺术风格明显受到 20 世纪 30 年代动画片，如弗莱舍工作室、迪士尼、费雪兄弟工作室等动画短片风格的影响。游戏采用了传统的赛璐璐手绘动画、水彩背景、原声爵士乐录音等，让玩家有机会进入这近百年前的复古风格卡通世界。

《茶杯头》主视觉图

2017 TGA 游戏大奖（The Game Adwards）：最佳独立游戏（Best Indie Game）

2017 TGA 游戏大奖（The Game Adwards）：最佳艺术指导（Best Art Direction）

2017 Steam 游戏大奖（The Steam Awards）：最佳配乐（Best Soundtrack）

《茶杯头》游戏画面

　　"茶杯头"（Cuphead）与"马克杯"（Mugman）是一对兄弟，由于欠了赌场老板（恶魔）一笔债务，而被迫接下替恶魔四处讨债的工作。在游戏中，玩家可以扮演两个角色中的任意一个，踏上这条"讨债之路"，穿越各种横版卷轴地图，与不同的 BOSS[1] 战斗。其中，BOSS 战是游戏的最大亮点，不同的 BOSS 有着不同的行为方式、攻击招式和进攻节奏。玩家可以操控角色跑、跳、射击、招架等，几个非常简单的动作也在不同战斗中涌现出无数的组合操作，带来了丰富而新鲜的战斗体验。这款游戏以操作难度高著称，角色只受到几下伤害就会很快死亡。游戏支持单人和双人模式。

《茶杯头》人物设计草稿与线稿

1　BOSS 指游戏中的敌方头目角色，通常是玩家完成特定游戏阶段前需要面对的最强的敌人。头目战也通常作为游戏的阶段性总结。

《茶杯头》中的主角人物动态　茶杯头的人物设计显然借鉴了费雪兄弟工作室独特的"橡胶管"式风格，人物没有关节，而是拥有柔软的身体与四肢。

《茶杯头》设计中的铅笔草图

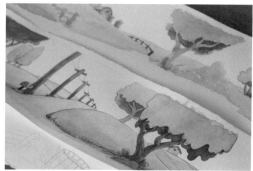

游戏制作过程及水彩手稿

　　《茶杯头》舍弃了许多提高动画效率的现代工具，完全采用逐帧动画的方式制作，并遵循了 20 世纪 30 年代弗莱舍动画工作室"角色必须每时每刻运动着，不能处在静止状态"的原则。游戏中的所有人设、动作、场景都是制作者在这种精益求精的要求下一张一张手工绘制出来的，不算上最新的 DLC[1]，《茶杯头》共计绘制了超过 50000 张动画，我们完全可以感受到 MDHR 工作室对于游戏制作的热忱和对复古动画的热爱。

绘制中的《茶杯头》游戏世界地图

1　DLC，Downloadable Content 的缩写，游戏扩展包。——编者注

画中世界（Gorogoa）

—— "终其一生地追寻"

美国｜Buried Signal（Jason Roberts）｜2017

这是一款机制独特的拼图解谜游戏，玩家只需通过移动、放大、缩小不同的场景安排，便能使角色在本不属于同一个维度的世界之间穿梭。游戏内容广泛，作为一款益智解谜游戏，操作十分简单，但画面精致，更在内容中涉及人生、宗教、信仰与智慧等问题。

《画中世界》游戏海报

2012 IndieCade：最佳视觉艺术奖

2014 IGF 国际独立游戏节
（Independent Games
Festival）：卓越视觉艺术奖

2018 GDCA 游戏开发者选择奖
（Game Developers Choice
Awards）：最佳创新奖、最
佳手机游戏

《画中世界》讲述了一个小男孩在童年时期，因为偶然看见了一只神秘的巨兽，而终其一生去寻找其意义的故事。"Gorogoa"或许是这个男孩自己在心中为它取的名字，代表着神秘的未知力量。玩家可以注意到，游戏中出现了很多类似于供奉、摇铃、朝圣等富含宗教意味的行为，但它的主题并不是宗教本身。只是主人公为了接近神兽，解开谜团，尝试了种种不同的途径。

而最巧妙的，就是与这个故事主题相呼应的游戏机制——拼图，但不是常规的拼图。整个游戏被切割成四个正方形画面，每个画面里是不同的场景，甚至是不同的时空——在有的画面里，主人公还是个小男孩；在另一个画面里，他已成为一个白发老人。而玩家却可以通过放大、改变位置，使得两个时空的画面在某一处可以完美相接，从而使得它们互相影响，而这正是游戏想表达的主题："记忆"以及"建立联系"。当我们在生活中面对一些令人敬畏的事物（在游戏中，是一只神兽），我们无法解释它，或许就会在追寻它的过程中认为它是神，是来自另一个世界的力量的代表；但也可能它只是代表了人类对于"寻找意义"的执着。

《画中世界》游戏截图

在游戏结束时，一位老人拖着记忆的碎片，回望自己的人生，试图构建出其中的意义——当我们在世界上寻找"隐藏的意义"的行为失败时，我们可能必须构建自己的意义。

游戏最开始出现的书，也许答案就隐藏其中

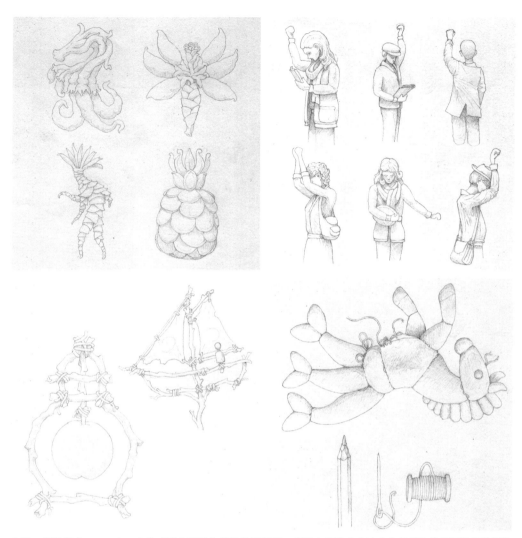

杰森·罗伯茨 (Jason Roberts) 为《画中世界》创作的铅笔稿 制作人罗伯茨为这个作品精心绘制了数千张极为精细的插画，并独立完成了所有的编程。游戏由奥斯丁·温特里（Austin Wintory）担任配乐制作。

机械迷城（Machinarium）

——"大机器时代的绮丽风光"

捷克 ｜ Amanita Design ｜ 2009

　　一款后古典主义的蒸汽朋克风格的冒险游戏，采用 2D 背景和人物，没有文字对白，玩家通过操纵主角机器小人破解各种机关进行解谜。为了表现出蒸汽时代粗犷、肆野的质感，游戏中的所有画面均用左手绘制。场景刻画精细而充满张力，谜题设计细致。这款游戏问世时曾一度被认为是小游戏艺术性的巅峰，无论是画面的艺术表现效果，还是游戏关卡的操作与耐玩性都广受好评。

《机械迷城》游戏画面

2009 IGF 国际独立游戏节(Independent Games Festival):卓越视觉艺术奖(Excellence in Visual Art)

2009 Gamasutra：最佳独立游戏（Best Indie Game）

2009 电子游戏排行榜（VGChartz.com）：最佳独立游戏（Best Indie Game）

2009 PC 游戏玩家（PC Gamer）：最佳配乐奖（Best Soundtrack）

　　制作团队的灵感首先源自卡雷尔·泽曼（Karel Zeman）的动画发明。泽曼是捷克动画界的一位巨匠，他创作过很多动画及电影，风格非常独特，而且老少咸宜，比如《鼹鼠的故事》。他的动画也代表了一种自由的表达方式：所有的一切都不是为了利益与利润，只是希望可以创作出一种独特的艺术。除此之外，在音乐方面，团队使用了卡林巴（一种非洲乐器）带来非常形象的机器人声音。

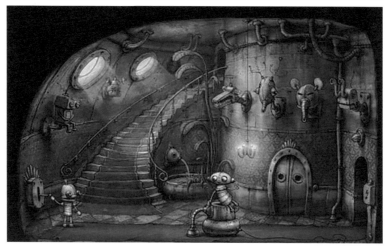

《机械迷城》游戏画面的绘制过程

部分用左手绘制的草图

开发者语

　　"在画《机械迷城》的时候，艺术家和画师原本是用右手画的，效果非常棒、非常精致。但我们不希望呈现出那么完美的效果，所以他们就尝试用左手画了游戏的画面，这也是他们有的人第一次用左手来作画。这样的尝试带来的效果非常好，产生了一种《机械迷城》独有的画感。"

——制作人卢卡斯·昆斯（Lukas Kunce）

银河历险记 3（Samorost 3）

——"精致与幻想，空灵而优美"

捷克 │ Amanita Design │ 2016

　　这是一款解谜冒险游戏，玩家将跟随好奇的太空小矮人在宇宙中穿行，探访神秘的外星世界，最终解开一系列谜团。游戏画面精致细腻，展现了一种有些超现实主义，又有些与世隔绝气质的异类空间。此外，其音乐制作也是一大亮点，玩家在解谜的过程中不仅可以欣赏精美的游戏画面，也可欣赏到30余首美妙的背景音乐。

2016 冒险游戏玩家（Aggie）：最佳非传统冒险奖（Best Non-Traditional Adventure）

2016 冒险游戏玩家（Aggie）：最佳音效奖（Best Sound Effects）

《银河历险记 3》游戏画面　灵动的自然风光与幻境般的异星球景象，称得上是十足的视觉盛宴。

与同样由该工作室创作的《机械迷城》不同，《银河历险记》系列描绘了一个
丰富多彩的自然生态世界——森林、灌木、蘑菇、苔藓、山洞、矿石、昆虫……但
我们依然能从部分画面中看到与《机械迷城》类似的废旧机械元素，例如废弃的飞船、
生锈的铁皮建筑等，这些元素与它们所在的自然环境形成了一种强烈的对比，与此
同时又达成了一种奇妙的和谐。整个游戏的主题也带有一些环保的意味：游戏中的
主人公为了拯救自己居住的星球而在宇宙星际间穿梭探险。有网友评论称："在《银
河历险记3》精致的画面和灵动的音乐的感染下，我们很难不心生保护地球的愿望。"

想象力十足的游戏手稿

脸黑先生（Chuchel）

——"喜剧之王"

捷克｜Amanita Design｜2018

　　游戏讲述了头戴橙色小帽的脸黑先生（Chuchel）和一只淡紫色的小鼠争夺樱桃的故事。该作继承了制作组的一贯风格，游戏界面简洁轻快，没有任何文字和对白，全部情节依托细腻的图像和动感十足的音乐来表现，画风十分可爱。游戏共计 30 个小关卡，就像是 30 集喜剧短片，在画面感、故事性和娱乐性之间达成了良好的平衡。

　　2018 IGF 国际独立游戏节（Independent Games Festival）：卓越视觉艺术奖（Excellence in Visual Art）

《脸黑先生》主视觉图

《脸黑先生》与"蘑菇社"的其他游戏不同，不再具备烧脑的解谜要素，更多的是随意点击游戏画面带来的轻松、幽默、异想天开的惊喜。

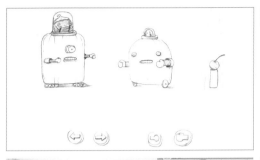

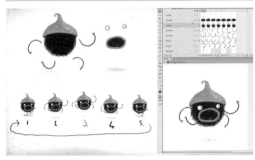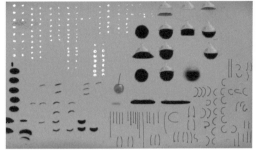

《脸黑先生》游戏制作过程

制作团队用《脸黑先生》致敬其他经典游戏、动画、电影、绘画作品

　　"不必为某个环节卡住而抓破头皮，只需在轻松惬意的氛围下，观赏永不言弃的脸黑先生为了樱桃斗智斗勇的搞笑情节。用舌头舔冰冷的物体会发生什么趣事？蜗牛与蜗牛怎么个赛跑法？被敲碎的鸡蛋如何维护形象？这些新奇古怪的场景，你都将在游戏中找到答案。"

——Zhi

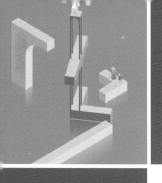

纪念碑谷（Monument Valley）

——"让世界惊叹的艺术品"

英国｜Ustwo Games Ltd｜2014

　　《纪念碑谷》是一次神奇建筑与奇妙几何体相结合的梦幻探险，玩家通过探索隐藏小路、发现视错觉来帮助主角走出纪念碑迷阵。受到极简 3D 设计灵感、视错觉效果和世界各地的宫殿庙宇的启发，每个纪念碑都由手工绘制并且独一无二。而游戏的设计让每个人都可以轻松上手、享受并且完成游戏。它不仅仅是一款游戏，更是一款精致的交互式艺术品。

2014 苹果设计奖（Apple Design Award Winner）

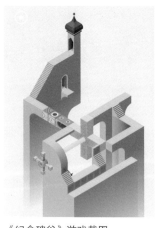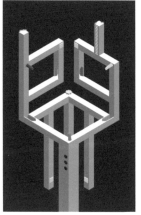

《纪念碑谷》游戏截图

2015 GDCA 游戏开发者选择奖（Game Developers Choice Awards）：最佳创意奖、
　　　最佳视觉艺术、最佳移动游戏
2015 英国电影学院奖（BAFTA）：最佳英国游戏（Best British Game）
2015 国际移动游戏奖（IMGA）：最佳游戏大奖

　　《纪念碑谷》的核心机制就是通过视错觉解谜——原本在真实物理空间中无法
连通的道路，只要在透视中"看似"连接了起来，主角就可以从这条路走过去。"看
见的就是真实的"，玩家只需要不断地通过旋转、拖拽，发挥想象力，为主角搭建
一条又一条超现实的道路。

　　"玩"游戏，亦是"享受"游戏。《纪念碑谷》梦幻纯粹的画面、令人着迷的
剧情以及轻快悠扬的乐音共同构筑了清新唯美的艺术世界。

《纪念碑谷》团队位于伦敦的工作室　Ustwo 公司在伦敦、纽约和瑞典南部马尔默三个地区拥有约 200 名工
作人员，其中 Ustwo Games 部门创造了传奇的《纪念碑谷》，这也是他们的第一个作品。

创作团队的反复推敲与实践

汇集灵感，记录创作过程

蜡烛人（Candleman）

——"假如给我 10 秒光明"

中国｜北京交典创艺数字科技有限公司｜2016

　　《蜡烛人》是一款拥有独特游戏玩法和故事情节的动作冒险游戏。玩家将扮演一根只能燃烧10秒的小蜡烛，挑战由光与影构成的陷阱谜题，体验令人惴惴不安的游戏氛围，依靠微弱的火光探索黑暗的世界、追寻远方的光明，发掘冒险背后的现实意义。

《蜡烛人》游戏画面

2016 中国独立游戏大赛（indiePlay）：最佳游戏大奖

2016 UGC 游戏大赏：年度国产独立游戏

2016 金葡萄奖：年度最佳独立游戏

如果你是一根仅能燃烧 10 秒的蜡烛，在无边的黑暗中，你会选择燃尽自己等待消亡？还是去照亮黑暗寻找希望？

在游戏中，玩家将操控这个勇敢却又脆弱的小蜡烛，在危险的环境中探索，由于燃烧时间的限制，玩家不得不每次只点亮烛火一瞬间，记住周遭的环境，然后在黑暗中摸索。整个游戏的画面与音乐结合产生一种美丽、静谧又暗藏危机的氛围。有的玩家觉得这是一个关于燃烧自己和照亮他人的故事，有的则觉得这是一个追寻光明的童话旅程，又或者是寻找自身价值的寓言。无论何种解读，每个玩家都能从游戏中获得自己的思考。

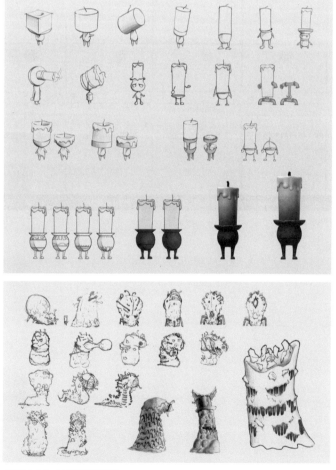

《蜡烛人》角色设计手稿

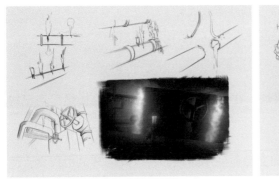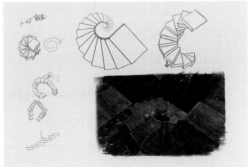

《蜡烛人》关卡草图与迭代

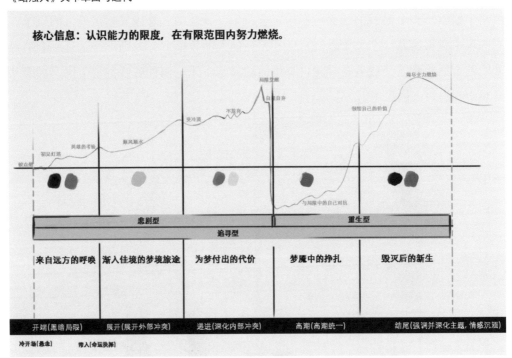

《蜡烛人》情感曲线

《蜡烛人》分镜草稿

《蜡烛人》游戏画面

　　瑰丽神秘的冒险世界，微弱的烛火与梦幻的光影巧妙结合，一根平凡的蜡烛，为了梦想，体验着一路上场景的切换和光影的转变。

鲤（Koi）

——"鱼戏清风繁花间"

中国｜队友游戏｜2015

这是一款以鲤鱼为切入点，以环保为主题的创意解谜独立游戏。游戏画风清新绚丽，通过关卡和场景的变换，制造情感上的起伏，用故事和互动抓住玩家，涉及解谜、成长、收集等多种玩法。玩家需要控制鲤鱼让同色花朵绽放，开始一段净化之旅。

2015 PlayStation 中国开发者众筹大赛：冠军
2015 GMGC 全球移动游戏大会独立游戏开发者大赛：亚军

《鲤》游戏海报

《鲤》中清澈的荷塘　开始时，游戏《鲤》有着沁人心脾的画面。

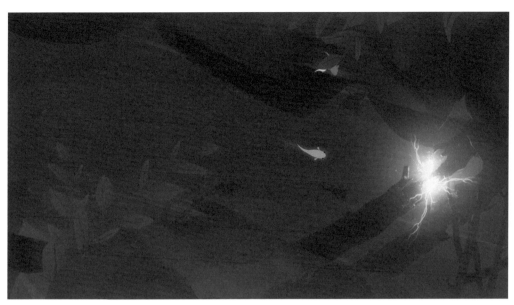

《鲤》中被染污的荷塘

　　随着游戏推进，小鱼周围的环境也开始发生变化，污水代替了曾经清澈的荷塘，暗示着现代文明对环境造成的巨大污染。小鲤鱼需要迎难而上，穿越这个险象环生的世界，面对震撼人心的结尾。

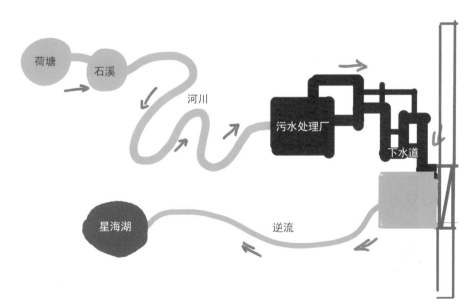

《鲤》游戏关卡设计示意图

毛线小精灵（Unravel）

——"关于爱与回忆的旅程"

瑞典｜Coldwood Interactive｜2016

　　一款基于物理解谜的平台类游戏，玩家需操控一个由细细的毛线做成的小型角色亚尼（Yarny）穿越大自然的重重障碍。游戏画面清新优美，选取的环境还原了斯堪的纳维亚半岛北部独有的壮丽美景。这是一个关于爱、希望与人生旅程的故事，创作者希望以"毛线"这样的形式来暗示人与人之间的联系，传达亲情的重要意义。体验这款游戏，温情与感动将会填满我们的心扉。

　　2017 英国电影学院奖（BAFTA）：艺术成就奖、最佳原创资产（提名）

《毛线小精灵》主视觉图

《毛线小精灵》游戏画面

　　游戏中的"毛线"不仅仅是家庭之间羁绊的象征，同时也是游戏最具创新性的玩法——你可以操控亚尼将它的毛线悬挂在树枝上来攀爬上去，可以作为桥梁连接达不到的地方，可以用作绳索来回荡以获得更远的跳跃能力，甚至可以用来搭乘风筝在天上飞……当然，亚尼不能失去过多的毛线，你还需要在路上为它找到毛线的补给点。

实物制作与素材实拍　无论是二维画稿还是立体制作，小精灵的形象都显得活泼可爱，栩栩如生。

《毛线小精灵》游戏画面

迷雾侦探（Tales of the Neon Sea）

——"身处虚幻为浮萍，拨开迷雾见光明"

中国｜手领科技｜2018

　　《迷雾侦探》是一款横版像素剧情解谜游戏。游戏通过引人入胜的情节，复古的像素风格，配合精美的特效，以及多元化的谜题，将玩家带入一个奇幻又迷离的赛博朋克世界。机器人与人类、侦探与杀人魔……玩家在像素风格的世界中，跟随着主人公的脚步完成冒险。

2018 中国独立游戏大赛（indiePlay）：最佳视觉艺术（Excellence in Visual Art）

2018 Indie Prize 独立游戏大赛：最佳游戏设计（Best Game Design）

2018 Indie Prize 独立游戏大赛：最佳创新奖（Most Innovative Game）

《迷雾侦探》游戏海报

团队创作记录

《迷雾侦探》游戏截图

　　游戏的主角是一位叫雷克斯的侦探，他还有一个特别的小助手——威廉，一只黑猫。玩家通过操控角色在场景中探索、获取线索、寻找关键物品、进行推理分析、解开数字谜题等，在帮助雷克斯完成自己的调查任务的同时，逐渐揭露出这个赛博朋克社会下，人与机器人之间复杂交错的宏大历史故事。

　　整个游戏呈现出一种经典的老式美国侦探电影风格，玩家如同欣赏一部悬疑电影般，慢慢拨开萦绕事件的迷雾。

山（Mountain）

—— "一生二，二生山，山生万物"

美国｜David O'Reilly｜2014

　　《山》是艺术家大卫·奥莱利（David O'Reilly）创作的一款奇特的游戏，游戏内容很纯粹，玩家初入游戏时会获取一座属于自己的山，在此后的整个游戏过程中，玩家无论做什么都不能再主动影响山的变化。山会一直在画面中央缓缓转动，随着时间的推移而发生改变，或阴或晴，或雨或雪。

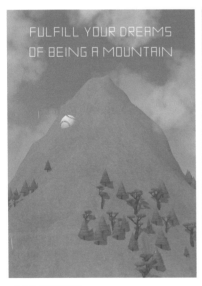

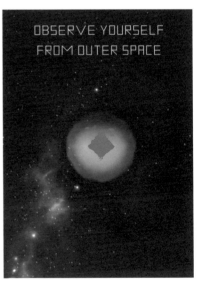

《山》游戏截图

2014 洛杉矶 MOCA：北美排名第五游戏

　　这款作品打破了人们对一般"游戏"的认知，当一个游戏没有规则、没有胜负，甚至不受玩家的影响，它还算游戏吗？《山》仿佛通过它的存在向玩家提出了某种哲学性的问题，玩家需要在与山的相处中自己寻找答案，赋予它意义。

　　尽管游戏内容看似单调，但人们却在这个试图参透其奥义的过程中习惯了山的陪伴，Steam 平台上有大量显示游戏时长数千小时的玩家，并给予了该游戏大量的好评。这个现象引起了更多人的好奇，并逐渐产生了极强的话题性。后来有人戏称《山》的玩家为"山神教"，意指《山》已经突破了游戏的边界，"玩"这款游戏本身也成了一种颇具禅意的行为艺术。

《山》的各种场景

山会聆听你的感受，与你相伴。

双子（Gemini）

——"一场触动心灵的宇宙之旅"

中国 ｜ Echostone Games ｜ 2017

　　这是一部由国人团队制作的独立游戏，亦是一场双星伴舞写就的诗意旅程。《双子》的原型为制作团队的毕业设计作品，课题核心为"设计能带来情感的NPC[1]角色"，他们希望在游戏中以简单的操作机制、抽象的画面，塑造一个有血有肉的角色，诠释人与人之间相互依偎、相互扶持的复杂情感。

《双子》游戏海报

1　NPC，non-player character 的缩写，非玩家角色。——编者注

2014 波士顿独立游戏节：最佳美术奖

2014 华盛顿特区年度网络及数字媒体节游戏奖：金奖

2014 伦斯勒理工学院游戏节：第三名

2015 皮克斯奖（Pixie Award）：金奖

　　《双子》是一款侧重情感交互的艺术游戏，其初代原型是张哲川与陈佶于 2013 年 9 月开始开发的硕士毕业作品。两名创作者受到《风之旅人》启发，想尝试创造出一个 NPC 角色，带给玩家如同《风之旅人》中由另一个真实玩家所带来的那样深厚的情感。

《双子》游戏画面

游戏中的不同阶段，两颗星星始终相依相伴。

在设计之初，创作团队也写过具体的故事，但后来意识到这种游戏所传达的更多是意象，玩家会有自己对故事的理解。因此，最终的游戏有了更多的留白，将重心放在两颗星星关系的变化上，而不去表现非常具象的情节。《双子》用机制叙事，将两颗星星关系的变化体现在玩法中。两者最开始是若即若离的关系，离得太远会失去能量而坠落，但一靠得太近又会互相拉开距离，越到后来它们的配合越默契无间，乃至最后震撼人心的冲击……玩家会在操控中自然领会到故事的发展。

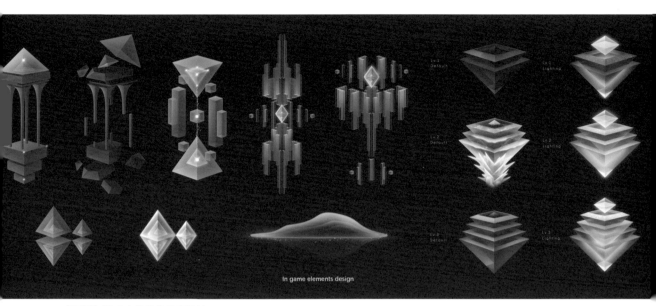

In game elements design

《双子》游戏中的视觉元素设计

她的故事（Her Story）

——"非线性叙事中的极致"

英国｜Echostone Games｜2017

游戏采用真人拍摄的方式，以老旧录像带为载体进行故事陈述。这些分辨率颇低的影像资料，来自于 1994 年一个女人为寻找自己失踪的丈夫而数次接受警方采访的录影存档。长达 1 小时 34 分 48 秒的视频被精心切割成 271 个片段，玩家可以通过搜索以任意顺序观看这些录像片段，并对视频中的只言片语进行推理分析以获得线索，然后顺藤摸瓜，逐渐揭露整个事件背后的真相。

2016 IGF 国际独立游戏节（Independent Games Festival）：卓越叙事奖、
　　　塞尤玛斯·麦克纳利大奖（Seumas McNally Grand Prize）

2016 英国电影学院奖（BAFTA）：最佳新秀游戏、最佳移动游戏、最佳游戏创新奖

《她的故事》游戏海报

2016 GDCA 游戏开发者选择奖（Game Developers Choice Awards）：最具创新奖、最佳叙事奖、最佳移动游戏

2015 TGA 游戏大奖（The Game Awards）：最佳叙事奖、最佳表演奖

2015 IndieCade：陪审团大奖（Grand Jury Award）

2015 金摇杆（Golden Joystick Awards）：最佳突破奖

《她的故事》游戏界面

　　《她的故事》的游戏界面就是一个模拟 90 年代类 Windows DOS 系统的电脑桌面。玩家可以在桌面上打开包含该案件审问录像的视频数据库，在搜索栏中输入任意词汇，搜索结果中将出现所有包含这个关键词的录像可供观看。任何会使用搜索引擎的人都能够掌握这个游戏的基本玩法，但真正具有挑战性的是，玩家需要在观看这些视频的时候，根据自己的推理记录下最有可能与案件真相有关的信息，并进一步搜索这些新记录下来的关键词，从而逐渐接近真相。

《她的故事》游戏截图　整个游戏都采用了一种复古点阵式显示屏的效果，画面时常闪烁，有时还会听见背景声中警车鸣笛的声音，游戏过程中沉浸感十足。

星露谷物语（Stardew Valley）

——"这就是生活啊"

美国｜ConcernedApe（Eric Barone）｜2016

　　《星露谷物语》是一款开放的乡村生活模拟经营游戏，该游戏由埃里克·巴伦（Eric Barone）一人独立开发，游戏采用了像素的风格，全部程序、剧本、美术、音乐都由巴伦自己完成。游戏中，玩家扮演继承了爷爷农场的主角，开垦和经营整座小农场。

《星露谷物语》游戏海报

2016 金摇杆（Golden Joystick Awards）：最佳突破奖（Breakthrough Award）

2016 TGA 游戏大奖（The Game Awards）：最佳独立游戏（Best Independent Game）
（提名）

2016 GDCA 游戏开发者选择奖（Game Developers Choice Awards）：最佳新秀游戏
（Best Debut）（提名）

2016 IGF 国际独立游戏节（Independent Games Festival）：塞尤玛斯·麦克纳利大
奖（Seumas McNally Grand Prize）（提名）

星露谷的故事始于失去。在游戏的开端，"你"的爷爷在病床上递给"你"一
个信封，却要求"你"不要立即打开。"要有耐心，"他说，"也许有一天，你会
被现代生活的负担压垮，感到空虚，到那时候，你才准备好接受这个礼物。"

多年后，当主角在办公室的格子间日复一日地被工作榨干，他突然想起这封信，
并打开它开始阅读：

亲爱的孙子：

如果你正在读这封信，说明你一定是热切地渴望改变。

很久以前，同样的事情也发生在我身上。我忽略了生活中最重要的东西……与
他人和自然的真正联系。所以我放弃了一切，搬到了我真正属于的地方……它位于
美国南部海岸的星露谷，这是开始你新生活的完美地方。这是我最珍贵的礼物，现
在是你的了。

爱你的爷爷

这也是该游戏打动人的一个重要地方——它引起了我们的共鸣。多少人都曾在
钢筋水泥的丛林中追逐梦想，又屈服于现实，而星露谷仿佛给了我们一个新的机会，
它讲述了传统农耕文明与现代工业文明的矛盾，同时又带有一种返璞归真的温情。

《星露谷物语》有着模拟经营类游戏的基本元素，开垦、种植、购买设备、扩
展自己的家等等。但不仅限于此，更重要的是，这个村庄中的每一个村民——从售
卖种子的商人到教"你"钓鱼的渔夫，从铁匠到酒吧老板，形形色色的人都有着自
己的故事。"你"在与他们打交道的过程中会逐渐地认识、熟悉他们。小镇还会在
节日期间举办各类活动。久而久之，玩家仿佛真正地"生活"在其中。

早期《萌芽谷物语》的游戏画面　早在 2012 年，这款游戏就已初步成形，当时名为"萌芽谷物语"。

《星露谷物语》游戏画面　在之后的 4 年里，巴伦一直在"打磨"这个游戏——他几乎把所有的画面都重制了好几遍，重做了大部分的配乐，扩大了星露谷的范围，使这款游戏在各个方面都超越了 2012 年版的《萌芽谷物语》。

访谈

下面是《斗牛士评论》（*The Matador Review*，以下简称 TMR）对巴伦（以下简称 EB）的访谈。

埃里克·巴伦　开发者巴伦曾因《星露谷物语》而被《福布斯》评为2017 年游戏领域的"30 岁以下"人物之一。

TMR：在创造游戏的过程中，最大的挑战是什么？

EB：克服内外心理压力。我的意思是，在我的生活中，那些别人能够感受到的，或者说，事情本身真正的压力，与我内心的消极想法，比如自我怀疑、无聊、注意力不集中，以及开始认为我的工作实际上很糟糕的倾向。

TMR：对刚起步的独立游戏开发者有什么建议吗？

EB：找出最适合你的方法，然后全力以赴。对大多数人来说，这并不意味着成为一个单独的开发者。不要让自己停留在消极的事情上，乐观会帮助你保持动力。按自己的方式做事，不要随波逐流。

TMR：关于创作游戏的灵感？

EB：很多角色的灵感都来自于我在现实生活中遇到的人。事实上，其中一个角色几乎完全是基于我非常了解的一个人……名字、个性、兴趣、品味都是一样的。我觉得我在大部分角色中都注入了一点自我。

TMR：请谈谈您对游戏的理解，以及游戏对您的影响。

EB：游戏是一种娱乐，一种强大的艺术形式，一种从现代生活的混乱中解脱出来的平静的逃避，一种体验的方式。通过这些方式，游戏对文化的影响越来越大。当然，游戏世界里的经验教训可以是好的，也可以是坏的，但我认为，开发人员往往会试图将积极的信息注入游戏中。有时很难看到，但通常都是这样。我希望游戏世界能给人一种生活的感觉。我想让你忘记这是一个电子游戏，让你觉得这些人有自己的生活。

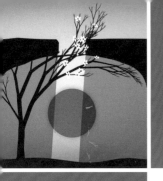

修剪（Prune）

——"一封写给树的情书"

波兰 │ Joel McDonald │ 2015

　　《修剪》是一款关于种植、培育树木的小型游戏——把生命注入贫瘠的土地，在一个充满敌意、冷漠的世界里，克服一切困难，茁壮成长。"修剪"是将无关紧要的部分移除掉，留下重要的东西的过程，这个过程被形容为"一种微妙的舞蹈"。游戏采用了 2D 剪纸的风格，黑色的树木剪影在灰黄色的背景上延伸，偶尔点缀以鲜艳的红色，呈现出极富韵味的画面。游戏的创作者说："《修剪》是一封我写给树的情书。"

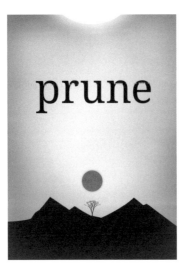

《修剪》游戏海报

2014 苹果 App Store: 官方推荐

2015 国际移动游戏奖（IMGA）: 最佳游戏

2015 《时代周刊》（*Time*）: 年度最佳游戏

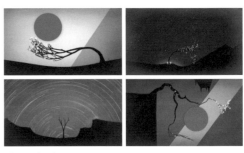

《修剪》游戏画面

《修剪》游戏灵感来源　《修剪》的灵感来源于创作人家附近的一棵老树。

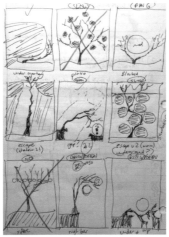

创作过程中的手稿

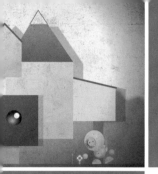

爷爷的城市（Lumino City）

——"温度与诚意"

英国 ｜ State of Play ｜ 2015

　　《爷爷的城市》是一款有着童话般画面风格的解谜游戏。卢米（Lumi）为了寻找失踪的爷爷，在他的城市中展开冒险。整个游戏场景都采用卡纸、木板、金属部件等搭建而成，整体共约 20 个场景，达到 3 米多高，微小部件使用激光精细切割，再由手工拼接、上色。工作室采用实景拍摄加上动画制作的方式将游戏场景与人物动画相结合。

《爷爷的城市》游戏画面

2015 英国电影学院奖（BAFTA）：艺术成就奖（Artistic Achievement）

2015 Indie Prize 独立游戏大赛：最佳艺术奖（Best Art）

2015 IGF 国际独立游戏节(Independent Games Festival)：卓越视觉艺术奖(Excellence in Visual Art)（决赛入围）

最初直接通过电脑绘制的游戏小样　当时的角色被命名为"太空女孩"（Space girl），整个画面呈现普通的平面风格。

尝试用手绘方式制作游戏小样　卢克·威特克（Luke Whittaker）尝试采用手绘的方式在纸面上画好每个部件，扫描后再在电脑中进行光影处理，画面开始有了质感，但仍然不够真实。"何不直接把它们打印出来做成立体模型呢？"经过印刷、制作、打光、拍摄，画面终于达到了理想的效果。

《爷爷的城市》是一个关于亲情以及匠人精神之传承的故事。在游戏的开头，小女孩卢米和她的爷爷所生活的城市突然失去了电力、陷入瘫痪，而一直以来负责维持这个城市运转的人——她的爷爷却不见了。小女孩只好带着爷爷留下的手册，穿越整个城市，根据说明书的指示和自己的聪明才智，尝试拼凑出各种令人费解的机制，帮助生活在这个独特城市里的人们解决他们生活上的问题。游戏中有许多奇思妙想的场景——天空中如培养皿般的花园、高悬在巨大水车上的塔楼、可以上下颠倒和旋转的房子等。

　　与这个游戏的主题紧密联系在一起的，是这个游戏的制作方式——为了在游戏中打造一种完美的立体光影效果，实现理想的画面，主创们做了许多的尝试，最终决定不采取电脑建模制作的方式，而是使用手工制作并拍摄。

　　在确认了制作方法后，团队中的建筑师、美术家、道具制作者共同合作，每一株植物，每一个路灯，均是他们亲手打磨而成。这是一个浩大而又精细的工程，他们花费了超过一年的时间，在现实中搭建出来一个超过三米高的真实场景。更重要的是，主创人卢克的父亲也参与到了这个工作中——他是一名银匠，他为《爷爷的城市》打造了一个由金属篷车改造而成的复古餐厅场景，这个跨越两代人的合作本身也呼应了游戏中"工匠精神"与"家族传承"的主题。

卢克的父亲

卢克和父亲

卢克和父亲共同打造的大篷车餐厅

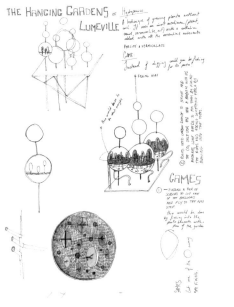

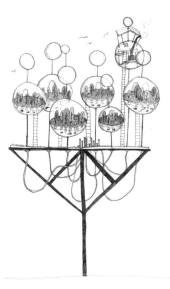

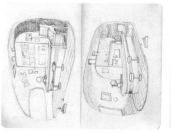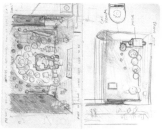

创作前期，卢克和凯特琳娜·斯图尔特（Catrina Stewart）绘制的一些手稿

《爷爷的城市》色彩概念图

早期用瓦楞纸搭建的场景原型

开发者语

"原型制作对于每个游戏都很重要，但对于《爷爷的城市》而言更是意义非凡。我们几乎需要将整个游戏完整地制作一遍，而一旦开始正式的模型制作与拍摄，我们就无法回头去修改任何细节了……我们的原型用硬纸壳和胶布搭建而成，游戏的每一个关卡、每一扇门的开与关、每一个镜头的选择都被考虑到了，分毫不差。"

——卢克·威特克

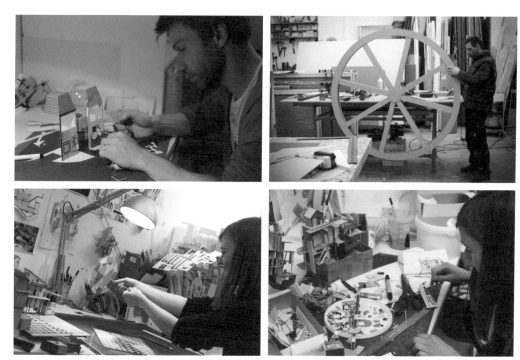

模型制作

　　利用激光切割将零件制作出来后，所有零件的组装、上色、灯光线路、电力装置均由手工打造而成。整个模型高达3米，团队用了超过一年的时间来进行模型制作，而最终的拍摄差不多只用了一天就完成了。此后，团队又花费了不少精力处理摄影素材、动画合成、音乐与音效制作等事项，整个游戏开发了三年，才画上最终的句号。

最终完成的模型

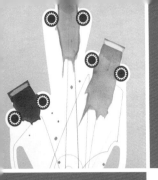

活力弹珠（Inks）

—— "童年记忆的蜕变"

英国 │ State of Play │ 2015

　　一款水彩墨风格弹珠游戏，同时也是一款高自由度的艺术品。游戏总共有超过 100 个关卡，在弹珠的传统玩法中融入色彩的艺术元素，玩家控制的小球在碰触墨水色块时，产生利落的墨水喷溅效果，色彩互相渗透渲染。场景内遗留下来的泼墨，以及弹球留下的滚动轨迹如同画布上的真实作画一般。

《活力弹珠》游戏海报

2016 苹果设计奖（Apple Design Award Winner）

2016 苹果 App Store：年度最佳应用（Best of 2016）

《活力弹珠》与《爷爷的城市》来自同一个创作团队，如果说《爷爷的城市》讲述的是继承上一代人的手艺的故事，《活力弹珠》的目的则是让新一代人再次接触到上一代的经典游戏——复古弹球桌。

团队为一次游戏展制作实物弹球桌

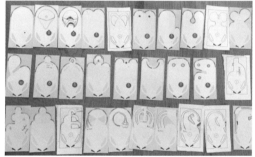

团队绘制了大量图纸来研究弹球轨迹和颜色的渲染融合

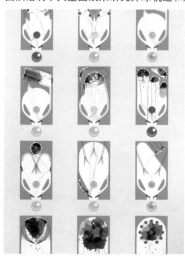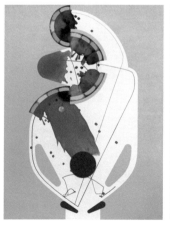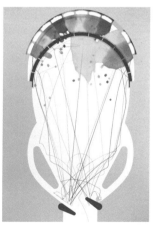

色彩斑斓的弹球轨迹

除了丰富的挑战关卡，该游戏最具特色的一点是，它会将玩家每次通关后弹珠留下的轨迹记录下来，一张张色彩斑斓的画面如同抽象表现主义的艺术品。

神之折纸 2（Kami 2）

——"就像在饕餮大餐后送上的一杯日式抹茶"

英国｜State of Play｜2017

  《神之折纸 2》是一款基于颜色设计的解谜游戏。每个关卡界面平铺了各色彩纸，形状不一。游戏的设计是通过翻折使屏幕上只保留一种颜色。共有 108 个关卡，不同章节的关卡都有各自鲜明的主题。游戏结合了古典和风旋律与折纸手艺，带给玩家美的体验。

2018 英国电影学院奖（BAFTA）：最佳移动游戏（提名）

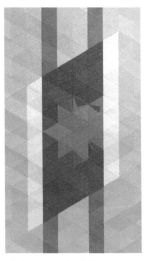

《神之折纸 2》游戏画面

与《爷爷的城市》和《活力弹珠》一样，《神之折纸》系列也传达了一种用现代技术（游戏）展现传统技艺的理念。在《神之折纸2》中，日式传统纸艺的纹理、雅致的配色与多边几何纹样形成了多变的构成美学。

实物制作　对于折纸这类小游戏，State of Play 也依旧秉持着实物制作的原则，一丝不苟。

AR 体验模式

　　在尝尽了各式操作复杂、画面绚丽的游戏"大餐"之后，呈现在玩家面前的《神之折纸2》就如同一杯清新简洁却香气浓郁、值得细细品味的日式抹茶。

雨中世界（Rain World）

—— "现实，冷静，美丽，而又致命"

美国｜Videocult｜2017

　　游戏设定在工业污染导致世界成为废墟的未来，玩家扮演一只蛞蝓猫，在破碎的生态系统中，勇敢地躲避凶残捕食者的侵袭，并寻找足够的食物生存下去。游戏建立了一套完整的不依赖玩家行为存在的内部生态系统，被称为一个"永恒运转的世界"。

《雨中世界》主角与 LOGO

2017 PC 游戏玩家（PC Gamer）：最佳平台游戏奖（Best Platformer）（提名）

2017 IGN：最佳平台游戏（Best Platformer）（提名）

2017 IGN：最佳艺术指导（Best Art Direction）（提名）

2017 IGN：最佳创新奖（Most Innovative）（提名）

《雨中世界》游戏画面

　　《雨中世界》的一个特色就是游戏中各种各样的生物都有自己的行为方式，它们不是预先编辑好的动画，每一个生物都是具有独一无二的逻辑的 AI。《雨中世界》仿佛一个与现实世界同步的平行世界，无论作为"观者"的玩家是否进入这个场景，场景中的生物都在依照自己的方式行动，与世界交互、彼此交互，这也是其被称为"永恒运转的世界"的原因。这个世界每时每刻都有事情在发生，玩家只是刚好经过，目睹其中的一部分，并试图在与这些生物的交互中认识、理解它们，从而想出对策来帮助主角生存下去。

INKTOBER
21:
DRAIN

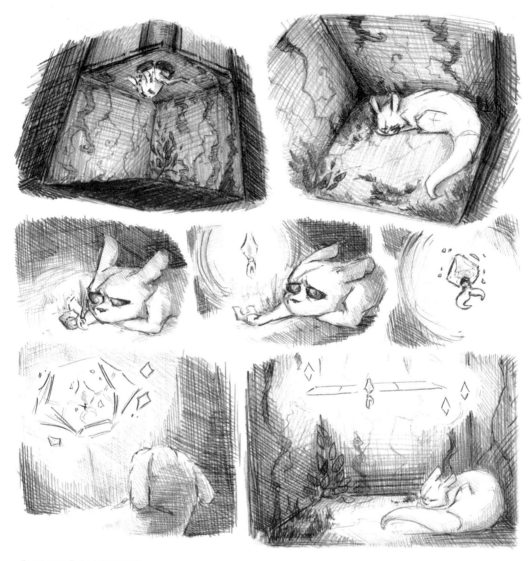

《雨中世界》部分创作手稿

　　这款游戏几乎由瑞士视觉设计师乔尔·雅各布森（Joar Jakobsson）一人独立完成。詹姆斯·普林姆特（James Primate）协助他完成了音乐部分。从最初的原型开始，雅各布森就在 TIGSource 论坛上认真而频繁地更新开发日志，并因此于 2013 年获得了该论坛的最佳开发日志。

原始旅程（Original Journey）

——"探索未知，命运莫测"

中国｜营火娱乐｜2016

　　《原始旅程》是一个有着独特的铅笔手绘风格的 2D 动作游戏，拥有随机生成且互动性极强的关卡、各种机械装甲和极具科幻风的武器，故事风格诙谐。不同于大部分程序生成迷宫探索类游戏（Rogue-like），《原始旅程》的制作邀请了专业的电影导演和编剧，为游戏打造了完整的世界观和故事线，并赋予每个角色性格和命运，形成电影般的精彩故事。这款游戏的立项最早可追溯至 2015 年，时为中央美术学院学生的谭力男以此获得了当年 IGF 国际独立游戏节的优秀学生作品奖。

《原始旅程》游戏海报

2015 IGF 国际独立游戏节（Independent Games Festival）：优秀学生作品奖（Student showcase）

2015 中国大学生游戏设计大赛"金辰奖"（北京电影学院）：最佳创新玩法奖

2016 GMGC 全球移动游戏大会：入围作品

2016 国际大学生动画节"白杨奖"（中国传媒大学）：最佳游戏作品

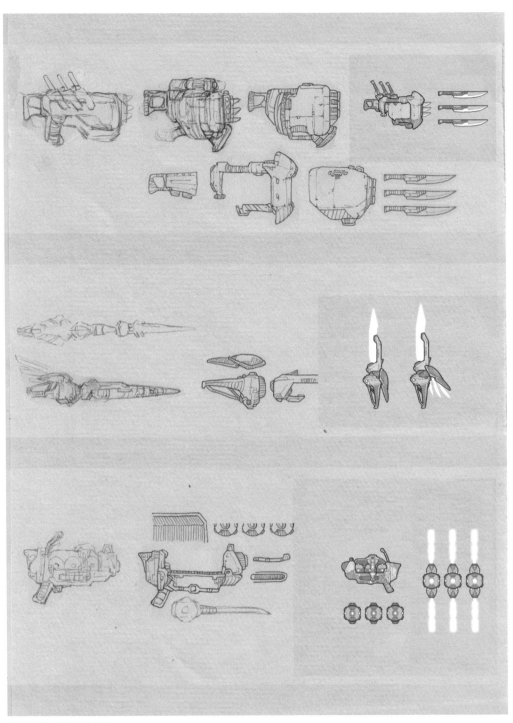

游戏设计过程中的草图

充满想象力的角色设定

　　游戏中几百张不同的地图和风格迥异的角色、怪物全部由制作人谭力男一人铅笔手绘完成。远古的拙朴和后现代科技的结合，形成了光怪陆离的原始世界。

　　游戏讲述宇宙的深处，有一个本不该存在的世界，充满致命的瘴气、漂浮的岛屿和黑暗的秘密。玩家将扮演 Ato 大军中的一名新兵，扬帆前往暗里星，收集传说中的神秘能量，拯救他们濒死的家园，改变族人的命运。在游戏的过程中，玩家会逐渐揭开这次旅程的真正目的，游戏人物的性格、命运在末尾处会产生深刻的反转。这是一个关于绝望、哀伤、黑暗与希望的故事，像一部跌宕起伏的电影。

致命框架 2（Framed 2）

——"自由拼接的画框世界"

澳大利亚｜Loveshack｜2017

《致命框架 2》是一款极具创意的解谜游戏，采用漫画分镜的形式带来独特的叙事体验。玩家不能直接地操控角色，但却可以发挥想象力，通过打破、重构、翻转、切换动态漫画框架，改变故事的顺序以及最终的结局。

2018 国际移动游戏奖（IMGA）：卓越游戏体验奖（Excellence in Gameplay）

《致命框架 2》主视觉图

游戏色块化的画面风格、人物简洁的黑色剪影和悠扬的爵士乐共同带来一种复古电影意味的审美。

《致命框架2》过场动画

数年之前，一艘神秘的货船将满载的宝物私运到异国他乡，而《致命框架2》的故事也从这艘货船开始说起……整个故事的舞台是20世纪初中国的某沿海大城市。游戏在叙事方面保持了一如既往的神秘风格，全程没有任何文字描述，完全依靠画面来展现剧情。

《致命框架2》游戏截图

　　每一个方格都是一小段独立的动画，游戏的核心玩法就是重组这些漫画分镜式的方块，使它们以全新的逻辑连接在一起，从而改变整个故事。这款游戏真正做到了解谜与叙事合二为一。知名游戏制作人小岛秀夫曾发推文表示，《致命框架》超越了同期的3A大作，成了他心中的年度游戏。《致命框架2》延续了前作的经典设计，但游戏整体难度又拔高了一些。

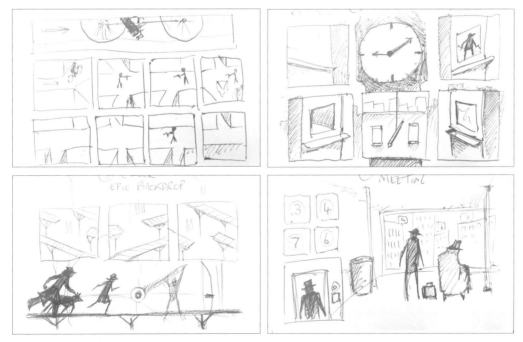

《致命框架2》故事设计手稿

贴在墙壁上的分镜手稿 游戏创作团队将这些分镜手稿贴在工作室墙面上，用以分析它们的组合方式与多重叙事的可能性。

 游戏中的漫画思维来自于制作者约书亚·博格斯（Joshua Boggs）的灵机一动。他在无意中看到了一本讲解漫画的书，书中详细讲解了漫画方格摆放排序的技巧。约书亚突然想到，游戏能否像漫画一样，通过排序场景，来展现不同的故事内容呢？他这样描述自己的创作灵感："你听过一枚硬币掉落在地上的声音吗？这就是我当时的心情。一直以来我都想做一款结合叙事的游戏，就像让一个人闯入小说，影响故事进程。我一直都找不到合适的游戏机制，那一刻，所有的疑问都落地了。"

学习

游戏是一系列有趣的问题，

这些游戏可作为学习的工具，

让玩家在"玩"中轻松地获得知识，训练能力。

Study

艾兰岛（Ylands）

——"脑洞就是生产力：代表未来的沙盒进化游戏"

捷克（中国代理）｜ Bohemia Interactive ｜ 2017

　　《艾兰岛》是一款独特的沙盒生存游戏，融合了探险、生存、建造等多重元素。玩家在游戏中扮演一名独自来到名为"艾兰岛"的岛屿世界的冒险家，面对寒冷、饥饿、猛兽等带来的威胁，试图在岛上生存下去。《艾兰岛》的最大亮点在于其强大的内置游戏编辑器，玩家可以将自己的作品上传至工坊，向全世界展示自己的创意。

《艾兰岛》游戏海报

2019 捷克年度游戏（Czech Game of the Year Awards）：最佳技术解决方案、最佳自由度游戏、最佳游戏大奖（提名）、最佳游戏设计（提名）

在《艾兰岛》的生存模式中，整个世界只有一个个岛屿和围绕岛屿的大海，岛屿上有各种动植物。玩家需要发挥智慧收集一切可以收集的物资，并加以加工制造，将这世界上的物品都为己所用。当拥有足够的能力的时候，玩家可以去探索更广阔的世界，甚至将世界改造成自己喜欢的样子。

《艾兰岛》游戏场景

《艾兰岛》的编辑器可以用来搭建简单的地图场景，也可以通过它的可视化编程打造复杂的游戏模式。游戏提供专用服务器，支持多人模式，也可自由选择第一／三人称视角。不同于传统沙盒游戏的方块、像素美术，《艾兰岛》是独特的低多边形（low poly）风格，画风清新、美观，更利于展现玩家丰富的想象力。

《艾兰岛》概念美术

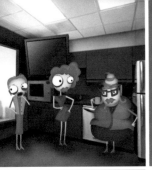

程序员升职记（Human Resource Machine）

—— "买西瓜，如果有葡萄，买两个。程序员可能会买回来两个西瓜。"

美国 │ Tomorrow Corporation │ 2015

　　这是一款非常具有挑战性的数字逻辑游戏，在游戏中，玩家需要利用数学的逻辑来进行闯关，帮助上司解决问题。

　　游戏的设定相当另类，其中无时无刻不存在数学的影子，玩家们在进行这款游戏时可以学到很多相关的知识，非常能启发玩家的思维。该游戏虽然以编程为主题，但面向的是所有普通玩家，而非程序员，它的定位也不是一个单纯的编程游戏，而是培养程序逻辑思维的益智解谜游戏。

《程序员升职记》游戏海报

游戏中的角色设计

游戏进行中的画面　右侧是玩家操作区，玩家通过选择、拖动、设置这些模块化的编程语言，来控制左侧界面中的小人的行为逻辑。玩家的目标是，操控小人将输入区（图中房间里写有"IN"指示牌的传送带）中的字母或数字按照关卡设定的规则进行筛选，并送至输出区（图中房间里写有"OUT"指示牌的传送带）。

游戏中完成每个关卡后都会跳出来的结算界面　如图，游戏不仅会判定你是否成功达成了目标，还会对你给出的解决方案进行"优化诊断"（Size Challenge）和"效率诊断"（Efficiency Challenge）——它们分别代表了你的编程语言是否足够简洁，以及你的小人是否能在较短的步数内完成任务。

　　这款游戏适合任何从来没写过程序的普通玩家，为此，游戏大大简化了可使用的指令集。通过玩这款游戏，玩家可以学到循环遍历、乘法器、除法器、串操作、排序、链表等算法方面的知识。但是，上手门槛低不代表天花板低，实际上，想要精通这个游戏也并不容易。例如，游戏对代码长度的限制就会迫使玩家尽可能写出更简洁易读的代码。

　　如果你不只盯着那些 0 和 1，还有吓人的弯弯曲曲的括号，你会发现，编程其实很简单，很美丽，是任何人都可以理解并从中获得乐趣的事。

多乐堂模拟列车（Train Simulator）

——"铁道迷们的梦想世界"

英国 | 多乐堂（DTG） | 2009

　　《多乐堂模拟列车》是一款由多乐堂制作发行、腾讯代理的火车模拟类游戏。置身于火车的世界，玩家能够扮演一名驾驶员，学习了解各个方向的线路，随时随地、随心所欲地驾驶各种各样的火车。玩家可以运用强大的工具激发创造潜力，创建自己的路线和场景，并从驾驶员、乘客等角度欣赏风景。

《多乐堂模拟列车》游戏海报

2018 Indie Prize 独立游戏大赛：最佳音效奖（提名）

《多乐堂模拟列车》游戏画面

玩《多乐堂模拟列车》最大的享受就是，驾驶列车在不同的铁路线上穿梭，在游戏中一次次驶向未知风景，欣赏世界各地的风光。目前，游戏已经推出 40 多条不同线路的 DLC——其中也包括中国铁路线，至今仍在持续更新。

模拟驾驶舱内的界面

无论是就难度还是所涉及的专业知识而言，《多乐堂模拟列车》都可说是同类模拟游戏中的巅峰之作。当然，它过于拟真的设定也决定了游戏可能只适合部分玩家。

制作团队在创作时留下的影像记录

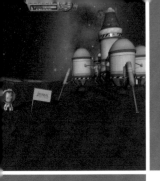

坎巴拉太空计划（Kerbal Space Program）

—— "动量定理，奥伯特效应，引力弹弓……"

墨西哥（中国代理）｜Squad｜2015

　　《坎巴拉太空计划》是一款高度拟真的模拟航天发射游戏。在游戏中，玩家拥有一支庞大的"坎巴拉族"航天团队，玩家需要根据空气动力学和轨道物理学原理来组装航天器，并将"坎巴拉乘员"发射进太空轨道中。同时，玩家也可以驾驶航天器在坎巴拉星系中的各个行星与卫星上探索，或建立空间站。

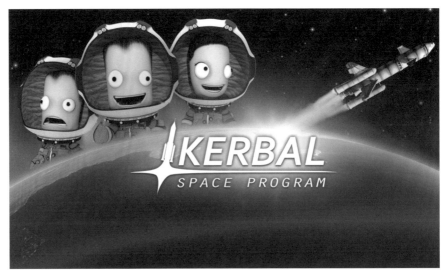

《坎巴拉太空计划》游戏海报

2015 金摇杆（Golden Joystick Awards）：最佳独立游戏奖

2015 PC 游戏玩家（PC Gamer）：最佳模拟类游戏

2015 UNITE 社区选择奖：最佳游戏设计

　　《坎巴拉太空计划》有三种游戏模式。"科研模式"用于进行太空实验，解锁新型科技，提升坎巴拉人的知识水平。"生涯模式"则可用于管理"你"的太空计划，"你"需要通过建造、升级建筑物，完成任务，来提高自己的资金、声望、科技点数，而这些又会进而影响"你"的购买力、招募人数和可建造物类型。"沙盒模式"是整个游戏中最大的亮点，玩家可以利用游戏提供的所有部件和科技，不受限制地建造飞船、火箭等各种航天载具——而这是一项非常"硬核"的高难度挑战。由于游戏的真实性与科学性，绝大部分玩家只能制造出随时可能爆炸或坠毁的航天器，因此有玩家戏称其为"坎巴拉爆炸计划"；但也有坚持玩下去的玩家表示，"这个游戏教给我的物理学知识，比我从现实生活中学到的还要多"。

《坎巴拉太空计划》游戏画面

　　如果你是一个航天爱好者，《坎巴拉太空计划》绝对值得体验。

数字历险记（Numbers）
大数字历险记（Big Numbers）
—— "让孩子们在玩乐中理解数字并学会应用，我们花了 12 年做到了"

美国｜WeWantToKnow AS｜2015、2016

WeWantToKnow AS 在数学游戏领域拥有 12 年的开发历史。"数字历险记"系列将孩子对数学的学习完美融入游戏中，没有乏味的重复和测试，每个互动都旨在提高孩子对算术的理解，同时通过游戏和探索的方式激励孩子们对算术的应用。这系列游戏可以让孩子直观地理解数字，学习一万以内的大数字和加减法竖式。

2016—2017 国际严肃游戏奖（International Serious Play Award）：金奖

2016—2017 变革游戏奖（Games4Change）：最佳学习游戏（Best learning game）

2016—2017 脑力玩具奖（Brain Toy Award）：学术选择奖（Academics' Choice）

游戏让孩子负责建筑一个尼姆（Noom）的美好世界。色彩斑斓、充满童趣的游戏画面牢牢吸引住小朋友，达到寓教于乐的效果。

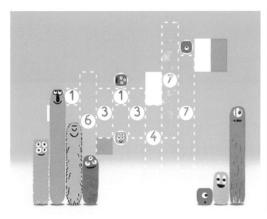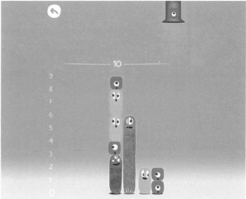

《数字历险记》游戏画面

真正做到将游戏和学习无缝结合。

《大数字历险记》游戏画面

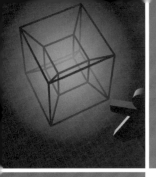

四维空间（Fourth Dimension）

——"震撼你的思维"

美国 | Drew Olbrich | 2017

　　《四维空间》是一款关于四维空间的教育类游戏，以通俗易懂的语言解释数学思想。游戏采用独特的 3D 触摸界面，玩家可以旋转、移动四维方块，观察四维立方体在三维空间的投影。游戏配有文字说明，以帮助玩家理解四维空间。

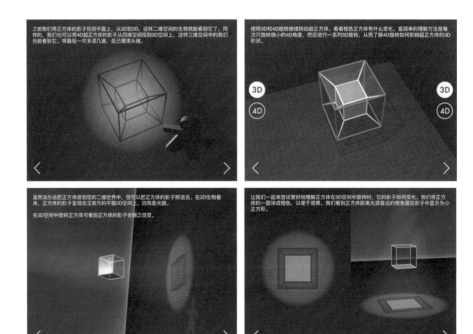

《四维空间》游戏界面

这款游戏相当于一个 30 页的互动教科书。

开发者语

　　"15 岁时，我阅读了《科学美国人》上一篇关于设想超级立方体视觉化的文章，我尝试实践了自己的想法，而《四维空间》则是我实践的第三个版本的方案。在开发这款应用时，我一直想象这是在为 15 岁时的我制作的。我希望这款应用可以启发下一代的儿童使用者。"

——德鲁·奥布里奇（Drew Olbrich）

天国：拯救（Kingdom Come: Deliverance）

——"萧肃杀伐历史征途"

捷克 | Warhorse Studios | 2018

这是一款第一人称开放世界的角色扮演游戏（Role-playing game，简称 RPG），背景被设置在中世纪的欧洲。玩家在剧情中扮演一位铁匠的儿子，在成长的过程中对抗入侵的敌人，体验该历史时期的超大规模战役，并为死去的双亲报仇。整个游戏的主题、角色以及里面的战争以"考究"为最高目标，玩家在游戏中创造的关系和成绩会改变这段历史。由于该作突出的写实性，在欧美多地该游戏甚至被运用于历史课程教学。

2017 科隆国际游戏展（Gamescom）：最佳 PC 游戏（Best PC Game）
2018 RPG Watch：玩家选择奖（Gamer's Choice）

《天国：拯救》游戏海报

与大部分以中世纪为背景的 RPG 游戏不同，这款游戏没有建立在一个奇异的幻想大陆之上，也不包含任何魔法元素，而是完全以写实主义的精神还原了一段十五世纪的欧洲历史。游戏内部包含了许多工艺小游戏，从中可以看出该作对真实性的追求——"如果你想把身上的武器磨利，就必须乖乖地坐在铁匠铺里的板凳上，用砂轮细细打磨。想要打造剑刃的话，你就得先把铁条放进锻炉烧红，接着放到铁砧上用铁锤将它捶打成片，按部就班地来才行。"

游戏从军事训练、战斗场面、捕猎方式、居住环境、饮食习惯、自然风光等角度对中世纪风貌进行了最大程度的还原。游戏内置小百科，内容涉及中世纪生活的方方面面，以及故事线背后的真实历史。

《天国：拯救》游戏画面

游戏介绍中广为人知的一句"记住，你就是亨利"，反复提醒玩家，其扮演的并非某个带有主角光环的"天选之子"，而是一个十分普通的小角色。所以，对待每一事件、每场战斗，玩家都必须小心谨慎、全力以赴。

游戏场景原画

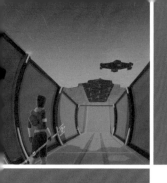

微积历险记（Variant: Limits®）

—— "玩完这款游戏之后，我的微积分补考居然通过了！"

美国｜Triseum｜2017

　　这是一款 3D 解谜游戏，玩家扮演一名叫作伊夸（Equa）的女孩，她被困在可能被太阳风暴摧毁的星球上，必须通过修复桥梁和传送器等建筑来应对即将到来的威胁。和大多数游戏不同的是，《微积历险记》将数学与游戏充分结合，设计的所有谜题都需要通过微积分知识来解开，在游戏中玩家会看到熟悉的函数和象限，需要推导公式，绘制出函数图像，从而激活机关并修复设施。

2017　国际严肃游戏奖（International Serious Play Award）：金奖

2017　严肃游戏展示与挑战 (SGS&C)：大奖（决赛入围）

2017　美国远程教育协会（Distance Learning Association）：创新奖

《微积历险记》游戏海报

游戏分为4大区域，引导玩家由浅入深，从上手操作到解谜通关，完成一次难忘的解谜之旅。游戏通过沉浸式的3D游戏体验，帮助玩家更好地理解和掌握微积分相关的知识。

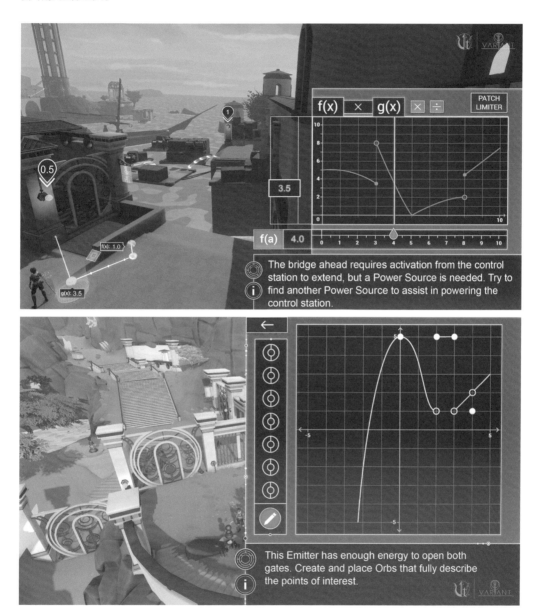

《微积历险记》游戏界面

游戏中，玩家需要帮助伊夸。玩家必须调整能量限制器，重新连接桥梁、电力传输平台，通过安全系统，进入应急能量节点，以阻止强大的地磁风暴。通过帮助伊夸解决视觉上直观的微积分挑战，最终玩家100%掌握课程内容。

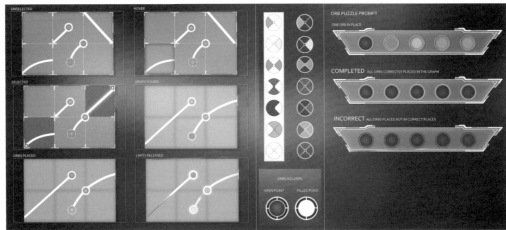

《微积历险记》的相关设计　游戏从人物设定、场景设计，再到函数的细节表现，充分体现出制作团队的高水准。

《微积历险记》游戏画面

艺术：赞助人（ARTé: Mecenas®）

—— "我们的目标是用我们的游戏代替教科书，让游戏成为老师教学和学生学习的有效工具。"

美国｜Triseum｜2016

  游戏的意义远不仅是娱乐。在《艺术：赞助人》中，玩家将通过一种身临其境的代入式体验，置身于 15、16 世纪佛罗伦萨的中心，追随中世纪最强大的家族之一——美第奇家族，通过投资艺术家、教堂、有潜力的城市，建立自己的商业帝国，推动艺术名作的产出并影响历史进程。游戏的上手体验足够轻松，游戏内容也处处体现了制作团队在历史方面的严谨，使得该游戏作品成为优秀的艺术史学习辅助工具，甚至可以说，《艺术：赞助人》本身即是一件精致的艺术品。

2017 国际严肃游戏奖（International Serious Play Award）：银奖

2017 严肃游戏展示与挑战 (SGS&C)：创新奖

2017 严肃游戏协会 (GALA)：商业类第二名

  作为一款艺术史相关的游戏，《艺术：赞助人》精致且考究的概念设计彰显出其内涵。游戏画面试图严谨地还原历史，并充分地展现文艺复兴时期艺术之美。

《艺术：赞助人》游戏封面

《艺术：赞助人》游戏画面

开发者语

　　"这个游戏提供的互动比传统的听讲座或阅读文本提供的更多。当学生们沉浸在游戏中，他们建立战略思维并获得知识，而这会激励他们继续游戏和学习。"

——德克萨斯农工大学讲师 苏珊·萨瑟兰

我的世界（Minecraft）

——"小小方块，大大世界"

瑞典（中国代理） | Mojang AB 4J Studios | 2009

　　网易游戏代理的《我的世界》是一个关于方块与冒险的游戏。在游戏中，玩家可以独自一人或与朋友们一同自由冒险，创造精妙绝伦的建筑物和艺术，或者收集物品、探索地图，以完成游戏的主线。在这款游戏中，无论是建造简单质朴的小屋，还是倚天拔地的城堡，你尽可自由发挥无穷的想象力，创造一个属于你的世界。

《我的世界》游戏海报

《我的世界》不仅仅是一款纯粹的游戏。它涉及教育、历史、艺术等多个领域，成为功能游戏的卓越代表。

《我的世界》与教育　提供知识之余，培养创造性也是其针对青少年的教学的重点。

《我的世界》与科技　还原火箭、飞行器的发射场景和流程。

《我的世界》与历史　图为国内著名建筑团队史诗工坊制作复原的圆明园建筑群。

2018 年文化和自然遗产日，在国家文物局指导下，"我的世界——定格历史"活动顺利展开，标志着传统文化和互联网游戏的完美融合。与此同时，还有无数的年轻人，正在《我的世界》中建造还原早已消失的古迹与历史场景，他们正在用年轻人喜爱的方式传承和记录中华历史与文明。

2013 年 8 月，《我的世界》被纽约现代艺术博物馆 (MOMA) 选为馆藏品，2015年 6 月入选美国国家玩具名人堂。这证明了《我的世界》作为一款艺术品获得了社会的广泛认可。

字母人（Typoman）

——"发现文字的力量"

德国 ｜ Brainseed Factory ｜ 2015

　　一款极具创新性、通过拼写词语来完成的教育解谜游戏。在游戏中，玩家化身为一个字符的角色，通过创造、更改或摧毁文字，发挥改变世界的力量。由于其独特的游戏元素和机制，该游戏被玩家称为"无法被汉化的游戏"。

《字母人》游戏画面

曾在西雅图独立游戏展（EMP 博物馆）上展出

2015 游戏连接（Game Connection San Francisco）：最佳休闲游戏

2015 E3 游戏大奖：最佳艺术造型、最佳游戏趋势

2016 德国电玩游戏大奖：最佳制作奖

游戏的基本玩法就是通过字母解谜：在游戏中，玩家需要操控主角穿越复杂的地形，找到各种字母部件，再改变它们的顺序，从而拼写出不同的单词，以触发不同的效果。比如，将原本写着"NOPE"（不）的字母重新组合为"OPEN"（打开）即可打开开关。又比如，原本看似无害的"PART"（部分），可能重组为"TRAP"（陷阱），从而带来危险，等等。

《字母人》游戏画面

游戏创作初期的原型设计 从游戏创作初期的原型设计已经可看出其核心玩法的定型：将字母"D"推到"RAIN"（雨）的前方，重新组合成单词"DRAIN"（排水沟），使得下方水池中的水被排出，主角得以继续前行。

游戏的角色设计 游戏的角色设计也有其巧思：主角作为由字符 H、E、R、O 组合成的字母人"HERO"，代表着"英雄"拥有改变世界的能力。

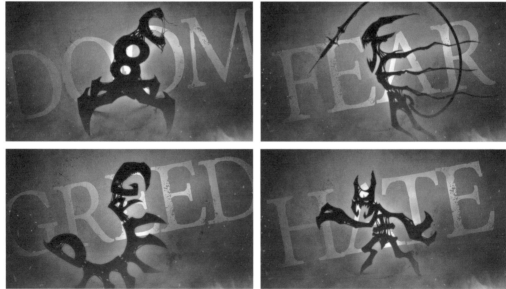

游戏中的 Boss 由"DOOM"（毁灭）、"FEAR"（恐惧）、"GREED"（贪婪）、"HATE"（仇恨）等词构成的 Boss。

社会与文化

用游戏传承与传播文化，

探讨社会问题，传达人文关怀，

启发批判性思考。

Society

and

Culture

国贸七天（7 Days in CBD）

——"公共空间游戏交互体验"

中国｜张兆弓｜2018

《国贸七天》是张兆弓于 2009—2011 年创作完成的一件功能艺术交互作品，用于大型公共空间的游客交互体验学习。屏幕上各种汽车被拥堵在路上，玩家可以操纵鼠标点击不同的车辆，进而弹出很多有趣的对话。经过玩家精心的选择回答，国贸的故事会朝着不同的方向发展。

这款作品中的对话情景改编自真实的客服问题，场景也真实地还原了北京的商业中心地带。作者希望用真实的影像和游戏叙事语言，让玩家以游戏化方式处理焦虑情绪下的选择。

2011 中央美术学院研究生优秀作品

2012 索卡艺术中心 7.5% 艺术家群展

2015 "动态之再"B3+BEIJING 动态影像展

《国贸七天》游戏画面

绘真·妙笔千山（Ink, Mountains and Mystery）

——"灵韵生动之中华山水图"

中国｜网易 Starry 工作室｜2018

　　《绘真·妙笔千山》是一款基于青绿山水风格的手游，结合以中国传统古籍为主衍生出的上古神话与民间传说，体验核心为环境交互、物品收集、破解谜题和推进剧情。玩家在画卷中探索秘密，找到正确的顺序和方法进行互动，从而解开谜题，推进剧情，了解画中世界。

　　2019 OPPO 软件商店："至美奖"
　　2019 国风数字创意创新大赛：国风游戏美术奖

《绘真·妙笔千山》游戏画面

　　荡荡浮一舸，悠悠晃黎明。

人物原画设定

　　跨越山水，精致而生动的人物形象从画卷中走来。

《绘真·妙笔千山》场景原画

　　一幅画卷就是一个关卡,神话传说在绮丽的山水画卷中徐徐展开。玩家在画中可以自由地行动、收集和互动。

《绘真·妙笔千山》部分场景制作与资源规划

在关卡制作规划方面，制作团队从 2D 的青绿山水画出发，建立 3D 模型，使用独特的青绿山水渲染技术，使水纹、山石、云海更加真实灵动。游戏采用横版平面与 3D 自由结合的视角，画面极具表现力，完美呈现了青绿山水原貌，将"如入画境"的体验营造得淋漓尽致。

尼山萨满（Nishan Shaman）

——"承载千年传说的奇妙冒险之旅"

中国｜腾讯 NExT Studio｜2018

　　《尼山萨满传》是中国北方少数民族传承千年的传说。改编自该传说的游戏《尼山萨满》，讲述了女英雄尼山深入冥界，拯救被夺走魂魄的孩童，并回到地表的故事。玩家需要扮演尼山萨满，通过敲击萨满神鼓演奏传统萨满音乐，穿行诸界、降服妖灵。

2020 第二届中国原创艺术类精品游戏大赛提名
2019 西南偏南（SXSW）：玩家之声奖

《尼山萨满》主视觉图

2018 IndieCade 独立游戏奖：美学创意奖（Innovation in Aesthetics Design）

2018 国际移动游戏奖（IMGA）：最佳音效奖

2018 Indie Prize 独立游戏大赛：最佳音效奖（提名）

《尼山萨满》是一款轻度叙事的音乐节奏类游戏，也是一款具有传承和保护少数民族文化意义的功能游戏。在《尼山萨满传》原著中，女英雄尼山通过击鼓来展现神力。因此，游戏的核心玩法就是让玩家跟随富有特色的少数民族音乐节奏，在合适的时机点击屏幕，一边打鼓一边前行。如果玩家按正确的节奏击鼓，萨满身边强力的防护罩就能够驱赶妖魔；如果击鼓的时机不对，萨满的法力则会减弱。

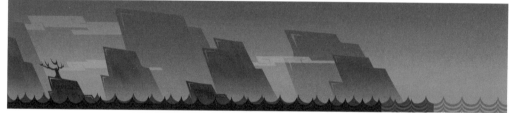

《尼山萨满》关卡场景设计

游戏采用了独特的音乐剧模式，分章节叙述了这个古老的北方少数民族传说。游戏的每个关卡都是一个特定的地域，如村落、冥河等。萨满在村落会看见帐篷、村民，在冥河则会看见冥界的岩洞和山水。

尼山薩滿
NISHAN SHAMAN

《尼山萨满》角色设计原画

《尼山萨满》的主创人员为 6 名毕业生，他们历时 5 个多月完成了这款游戏的创作。他们希望通过游戏这种更加通俗的方式，帮助更多的人了解少数民族及其习俗，了解这样一种生活方式。

尼山萨满的故事最初由团队中一名来自满族的成员讲起，这位成员童年时曾听长辈讲述这样的民间神话传说。但创作团队中没有这方面的研究专家。因此，为了尽可能做到严谨，对于游戏中的每一个场景、每一个人物、每一个道具，团队成员都要尽力找寻文献来仔细核对。游戏中有一个丰富历史背景的收集系统，其中涉及的文献，游戏也都尽量引用原文。

这款游戏独特的中国剪纸风格美术，神秘的原创少数民族萨满音乐，文化底蕴丰厚的图鉴收集系统，使玩家能够充分感受中国北方少数民族文化的独特魅力。

开发者语

"我们也期待，随着这款游戏的面世，更多的少数民族文化能够被记录和传承。游戏是一个好的文化载体，它是一种伴随着科技发展而形成的互动艺术。"

——《尼山萨满》创作团队

人口增长（The Growth）

——"为了人类的生存与发展"

泰国 ｜ Dr.Charn Pisithpunth ｜ 2015

　　《人口增长》由帕米拉教授指导，是查恩·皮斯蓬特（Charn Pisith-punth）的博士课题，于 2015 年在考文垂大学研发。这是一款科学评估的严肃环境游戏，特别关注人口的快速增长，专门为泰国曼谷 20~30 岁的特定目标人群设计，专注于居住环境的改善问题。这款游戏表明，优化的生活方式、可持续性政策和技术的结合可用于最大限度地减少环境退化问题。

《人口增长》游戏封面

《人口增长》的游戏背景是人类人口迅速增长的现代世界。人口密度的失调，加上自然资源的快速消耗，以及不谨慎的废物管理，导致世界环境急剧恶化，污染日益成为对人类和野生动物的严重威胁。

在此背景下，玩家将扮演环境联盟（TEC）的新主任。在游戏中，"你"能否及时解决环境问题？是通过和平谈判，还是通过秘密行动与武力来解决世界问题？"你"能否转移来自民众、政客、大公司和强硬派环保组织的压力？"你"会屈服于财富和名声的诱惑吗？整个游戏都基于简单的问答，玩家需要不断地权衡、取舍，并做出决定。

游戏中发生的许多随机事件

《人口增长》游戏截图

与许多环保游戏不同，《人口增长》表明，只需承诺可持续的消费模式，就可以改善金融、社会和健康因素。该游戏旨在调查使用严肃游戏提升玩家环保意识的可能性，并最终研究使用严肃游戏改变玩家消费模式的可能性。

在游戏开发完成后，该项目对 82 名参与者进行了随机对照试验（RCT）。测试表明，在体验该游戏后，参与者获得了显著的知识收益，且部分参与者在体验该游戏后更有意愿就环境问题进行讨论。

视觉之上（Beyond Eyes）

——"打开心灵之窗"

英国 ｜ Tiger and Squid, Team17 Digital Ltd ｜ 2015

　　《视觉之上》是一个关于克服恐惧、踏入世界的现代童话故事风格的解谜冒险游戏。玩家从一个盲人女孩瑞伊（Rae）的视角来探索世界，帮助她寻找她的朋友——一只常来花园拜访的小猫咪。游戏通过模拟盲人感知世界的方式，让玩家尝试体会盲人心中的想象世界，从而引导社会关注弱势群体。

　　2015 IGN 游戏推荐

《视觉之上》游戏海报

整个游戏画面中的信息十分有限，大部分区域都是一片空白，只有随着小女孩一步一步探索，整个世界才能一点一点呈现出来——实际上，我们在屏幕中看到的景象也都只是小女孩脑海中的想象，而非真实景象。

整体而言，这是一款极其需要耐心的游戏，我们只有静下心来认真体会，才能理解小女孩小心翼翼的、缓慢的步伐。她常常碰壁，一只突然起飞的鸟、几声狗叫、汽车的鸣笛声都会给她带来巨大的恐惧。在听见溪流的声音，摸索着走上一座石桥时，她不知道前方是否还有道路，画面上看起来也像随时会掉入水中。但是，在这个探险的路上，小女孩总是倾向于将一切想象得美好。例如，有时小女孩听见水声，会想象那是一个喷泉池，但触碰后才发现只是一个生锈的排水管道。随之你也会思考，画面中出现在路边的美丽鲜花，是否可能也只是一个空空的花盆？烤面包的香气究竟来自商店的橱窗，还是路边的垃圾堆？对于这个小女孩而言，这些事物"真正的样子"是怎样的，还重要吗？或许对于她来说，她通过听觉与触觉想象出的这个手绘水彩风格的世界，就已经是全部的真实？这也许就是游戏名称——"Beyond Eyes"（超越视觉、视觉之上）的含义。

《视觉之上》游戏画面

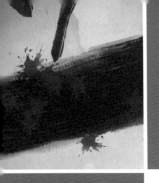

说剑（The Swords）

——"极简恣意，武侠之魂，无剑胜有剑"

中国台湾｜Sunhead Games｜2016

《说剑》讲述一名剑客毕生浸淫剑学的故事。游戏采用"点、触、划、转"等手势演绎一代宗师的成长历程，引出由浅入深的剑意境界。《说剑》不仅是一款游戏，更是一个蕴含百家思想、武侠文化的艺术载体，通过互动性极强的游戏语言，将中国传统文化尽情展现。

2015 中国独立游戏节（IGF China）：最佳手机游戏

2015 东京电玩展 Indie Stream Award：审查委员特别赏

2016 苹果 App Store：年度精选游戏

2016 谷歌 Google Play：年度最佳游戏精选、最佳独立制作游戏

2016 GMGC 独立游戏开发者大赛：第一名

《说剑》游戏开场标题

《说剑》游戏截图

　　开发团队认为，虽然市面上早已不缺武侠游戏，但武侠的灵魂之一——战斗感，却鲜少游戏着墨。他们想要将这点做好。因此，制作团队把武打场面的元素简化，将背景、装饰甚至人物都抽离，只留下武者对决瞬间充满力量与速度感的刀光剑影。美术表现上，他们以水墨架构世界，书画点缀其中。再加上知名布袋戏配乐制作团队愚人梦想所制作的充满气势的战斗配乐，游戏将武侠的动作之美带给玩家。

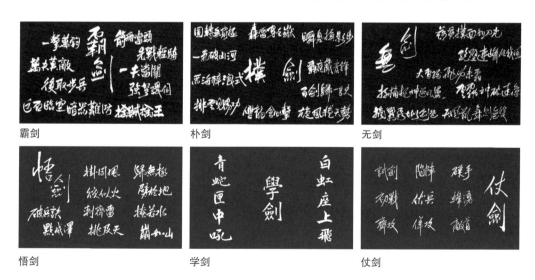

霸剑　　　　　朴剑　　　　　无剑

悟剑　　　　　学剑　　　　　仗剑

　　汉字之美，博大精深；《说剑》之美，形意纵横。在《说剑》中，创作者融入了浓重的书法要素，采用传统的黑白水墨风格，纳入了丰富的字库。透过屏幕，具象化的游戏精神逐渐渗入我们的现实生活。

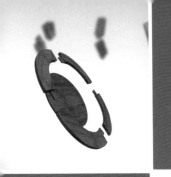

榫卯（Wood Joints）

—— "献给热爱自然、木头和设计的所有人，享受榫卯结构的精妙之美"

中国｜Tag Design｜2014

这款游戏利用三维模型来直观地呈现中国古典工艺——榫卯，玩家在游戏中能够查看、分解经典的 27 款榫卯结构。游戏采用精美的设计来呈现适合榫卯结构的木材，运用巧妙的交互讲解传统木工常用工具，使玩家能够以一种有趣又直观的方式了解榫卯结构的历史传承和变革。

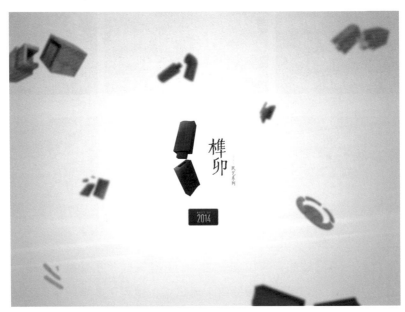

《榫卯》游戏封面

2014 苹果 App Store: 年度优秀应用

2014 豌豆荚设计奖

2014 小米年度最佳应用奖

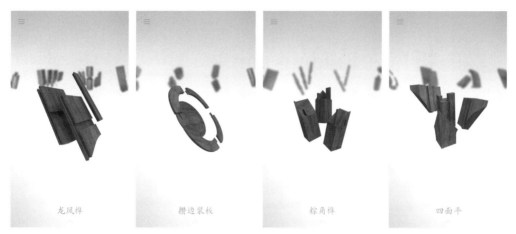

龙凤榫　　　　　攒边装板　　　　　粽角榫　　　　　四面平

《榫卯》游戏界面

简洁优雅的游戏界面，清晰地展示了各式榫卯结构，又富于单纯而精妙的艺术性。

研发团队为苹果公司首席执行官库克展示游戏理念及设计

折扇（Folding Fan）

—— "折扇微摇，匠心独运，寓教于乐，返璞归真"

中国｜Tag Design｜2014

　　《折扇》是继《榫卯》之后，Tag Design 发布的第二款民艺系列应用。整个游戏像一本交互式的艺术书籍，玩家通过互动的方式了解折扇这种古典手工艺艺术品。游戏详细介绍了折扇的制作工艺、设计形式、风格流派、制作材料、发展历史等内容。通过这款游戏，我们在历史的长河之中，与古人一同赏画抒怀，听虫鸣鸟吟，进山选竹，动手制扇。

2014 苹果 App Store: 年度优秀应用

2014 豌豆荚设计奖

《折扇》游戏海报

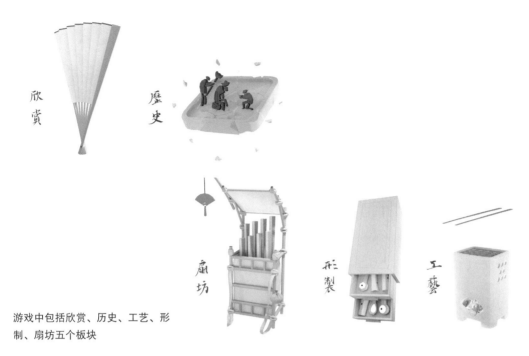

游戏中包括欣赏、历史、工艺、形制、扇坊五个板块

《折扇》游戏画面

制作团队在进行手稿的绘制设计

制作一把传统的折扇共有 16 个步骤，选竹、开通与开片、煮竹、晒竹、打眼、拖边与造型、乓平、挫头、烘焙、打磨、穿小骨、烫钉、裁面、晒面、糊面与折面，最后制扇完成。玩家可以通过不算复杂的模拟操作，了解传统工艺，领略制扇者的匠心。

瓦尔登湖（Walden, a Game）

—— "拥抱自然，享受孤独，换一种角度洞察生活"

美国｜Game Innovation Lab｜2017

　　《瓦尔登湖》是一款由游戏创新实验室（Game Innovation Lab）制作的风格非常独特的求生类游戏。美国哲学家亨利·梭罗（Henry David Thoreau）曾在瓦尔登湖尝试自食其力的生活，游戏对此进行了探索性的叙述和开放世界的模拟。玩家将扮演梭罗，体验他曾经在瓦尔登湖畔自给自足、享受孤独生活的经历。

2014　入选圣丹斯学院新前沿故事实验室

2014　IndieCade 独立游戏奖：数字选择奖

2016　谢菲尔德电影节：特别推荐 交替现实交互奖

2017　IDFA 佳能：100 部最重要的互动纪录片

2017　地球运动会（Earthgames On Tap）：环境影响奖（Environmental Impact Award）亚军

2017　变革游戏奖（Games4Change）：最具影响力奖

2017　IndieCade 独立游戏奖：开发者选择奖

2018　入选 Smithsonian 美国艺术博物馆

2018　百老汇最佳独立游戏奖

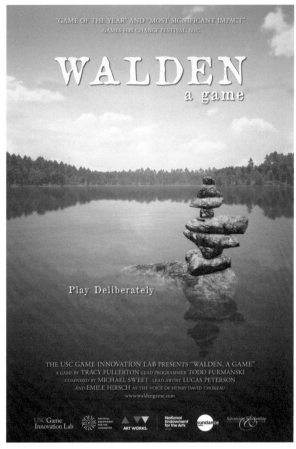

《瓦尔登湖》游戏海报

在这款游戏中，玩家需要慢节奏地度过逐年的岁月，经历四季变迁。玩家生活在这种虚拟世界中，必须适应这些变化的节奏。每一季都有生存的挑战，也有升华灵感的可能。

制作团队在开发过程中严格遵循《瓦尔登湖》原著的描述，甚至真的来到瓦尔登湖畔居住了一段时间以进行考察和采音。他们花了十年时间建筑这个雄心勃勃的独立游戏，最终获得了来自美国国家教育协会（NEA）、国家人文科学基金会（NEH），以及圣丹斯电影节新边疆故事实验室的支持。除设计兼主任特雷西·富勒顿（Tracy Fullerton）外，游戏制作的核心团队成员包括程序员托德·弗曼斯基（Todd Furmanski）、艺术家卢卡斯·皮特森（Lucas Peterson）、音频设计／作曲家迈克尔·斯威特（Michael Sweet），以及多位在南加州大学学习游戏编程的学生。另外，曾出演《荒野大镖客》的演员埃米尔·赫斯基（Emile Hirsch）担任了主角梭罗的配音。

瓦尔登湖的四季

《瓦尔登湖》游戏画面

128

在游戏中，玩家将扮演梭罗，追随他曾经的脚步，在 1845 年的夏天，在瓦尔登湖畔建造房屋，收集素材，探索未知，体验远离城市喧嚣、享受孤独的生活。游戏里没有谜题，没有关卡，没有"死亡"，有的只是美丽的风景，比如繁星满天的夜晚，还有耳边的噼啪作响的篝火声与虫鸣。

"根据信仰和经验，我很确定，一个人如果能生活得单纯且富于智慧，那在世间的生活一定不是苦事，而恰恰是欢愉悠闲的时光。"

——亨利·梭罗

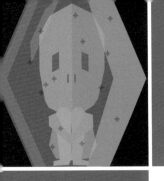

王权（Reigns）

—— "今日我加冕为王，历史将书写王的传奇"

英国 | Nerial | 2016

　　《王权》是一款卡牌策略手游。游戏以王国经营建造为主题，以卡牌的形式来决定策略。玩家扮演统御王国的君主，面对各方势力源源不断的祈求或威胁，做出适当决断，以平衡宗教、民生、军事和财政四个方面。

2016 Ludicious Convention：年度最佳国际游戏

2016 谷歌 Google Play：最佳创新游戏

2016 苹果 App Store：年度最佳游戏

2017 谷歌 Google Play 独立大赛：冠军

《王权》游戏视觉图

游戏最初的灵感来自团队中的美术设计，她受到一款交友软件左右划动的操作方式的启发，想出了这款游戏最基本的机制。这款交友软件的一个显著特征，就是引导用户尽量不去关注照片以外的东西。

《王权》的核心玩法也吸收了这一点，它的卡牌也是以图片为主导，文字量并不大。据创作者自己介绍，《王权》中一共有707张卡牌，每张卡牌对应的英文文本量大约为10个词，而总文字量7000词左右也就是一篇短篇小说的标准长度。

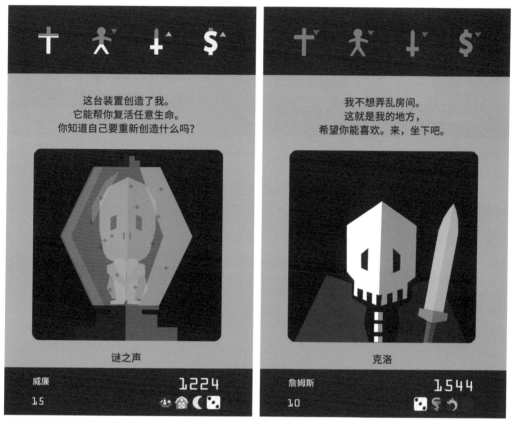

《王权》的中文版游戏截图　每张卡牌的文字量并不大，且简洁易读。

然而，《王权》却创造了大量随机性的叙事体验，一千个玩家能创造一千个不同的故事。不过，《王权》的叙事逻辑并不是常见的多线分支发展结构，实际上它只有为数不多的几个固定结局，它的多变之处在于玩家达到各种结局的过程。

《王权》通过将各种事件打包成一个卡包，根据玩家的决策从中随机抽取一个来触发，创造出了特殊的叙事体验。玩家会在不断触发这些随机事件的过程中，积极地解读事件，乃至于自行赋予先后出现的事件以叙事意义。

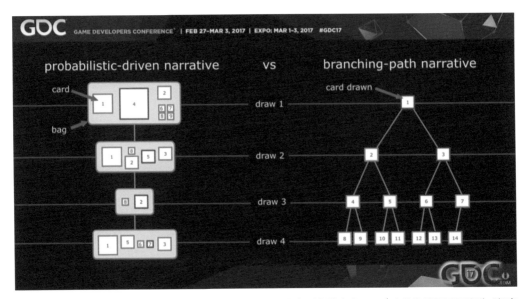

创作者关于"概率包"与"分支树"结构的演讲展示 《王权》的创作者在 GDC[1] 上的演讲展示了这种"概率包"叙事结构与传统"分支树"叙事结构的区别。

游戏的背景及场景参考了伦敦东南部的南华克区博罗市场、宪法俱乐部、莎士比亚环形剧场、林肯广场等。莎士比亚也是创作灵感的重要来源，游戏吸收了其戏剧性的结局处理手法，达到剧情曲折反转的效果。题材上走中世纪路线，游戏中的国王形象代表无上的权力，包括掌握生与死的权力。

1　Game Developers Conference 的简称，游戏开发者大会。——编者注

"我们尝试把游戏制作当中的每一个环节都与核心玩法连接起来，游戏的基调和故事写作、美术、系统以及音乐都是相互联系的，甚至让这些生效就意味着我们必须升级自己在《王权》制作的每一个方面的技巧。"

"越来越多的人开始思考独立游戏的商业化，并做出勇敢且有效的尝试。在探索商业化道路的过程中，坚持艺术性创作，才是独立游戏真正的考验。"

——弗朗索瓦·艾略特（François Alliot）

我们的所见会塑造我们（We Become What We Behold）

—— "我们打造了工具，而工具又反过来塑造了我们。"

新加坡 ｜ Nicky Case ｜ 2016

　　这是一个关于新闻传播的游戏，交互极其简单，却明了地展现了大众如何受到言论的影响，而言论又是怎样为大众所左右的。这种媒体传播通常会在社会上引起恶性循环，创作者希望通过游戏的模拟形式引起社会反思。

《我们的所见会塑造我们》英文版游戏封面图

游戏的机制很简单，玩家只需要移动鼠标控制一个矩形"取景框"，并点击左键完成"拍照"，所拍下的照片就会出现在屏幕正中心的电视新闻中，并配有相应的标题。然后，游戏世界里的小人们会在看到新闻后产生不同的反应，例如，产生某种潮流，或互相争执，甚至发生暴力。而这些反应又给玩家带来了更多可拍摄的素材，事态就这样被逐渐放大。

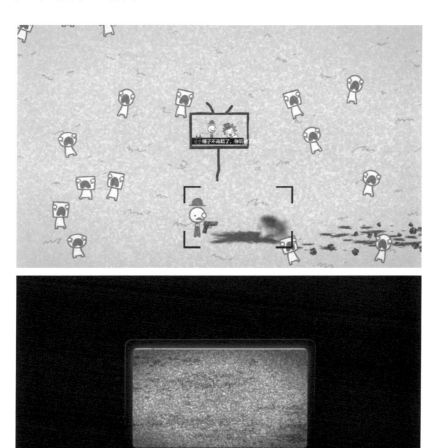

《我们的所见会塑造我们》游戏画面

游戏的最后，原本的画面逐渐缩小到一个笔记本电脑屏幕之中，将责任主体指向屏幕前的"玩家"，试图引起每一个人的反思。

信任的进化（The Evolution of Trust）

—— "投之以桃，报之以李。以眼还眼，以牙还牙。"

新加坡 | Nicky Case | 2017

这款小游戏以经济学博弈论为理论基础，并用生动形象的动画诠释了信任体系的建立。选择欺骗还是合作？游戏为多个在博弈中可能做出的行为建立了模型，并根据反复计算得出每个角色的受益情况，为我们全面分析了这些不同性格的人在当今社会的生存状态。

《信任的进化》游戏封面图

在游戏的开头，创作者尼基·凯斯（Nicky Case）先提出了一个引人深思的问题——在如今的和平年代，人与人之间的信任为什么反而越来越难建立起来？

游戏的机制非常简单，假设你面前有一台机器，当你放进去一枚硬币，对方会得到三枚硬币，反之亦然。你们两个人都可以选择"合作"，放一枚硬币，并从对方处得到三枚硬币，达成双赢的局面。你也可以选择"欺骗"，不放入硬币，这样你有可能既不需要损失一枚硬币，又同样可以得到三枚硬币，这是获得最高收益的方式——当然，如果对方也选择了"欺骗"，你们双方都什么也得不到。

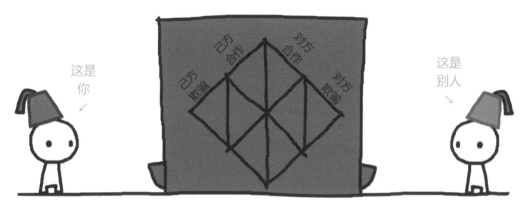

《信任的进化》游戏界面 游戏的界面非常简单，你只需要在阅读完作者给出的文字后，点击"合作"或"欺骗"。

当然，游戏也考虑到在现实世界里，我们不会只和对手进行单次游戏，我们做出的选择可能会影响对方下一回合的策略。为了模拟这种情况，游戏将让你和五个不同策略的人对战。他们之中有的可能会倾向于合作，有的会倾向于欺骗，有的则可能会根据你的行动做更复杂的判断。但是创作者不会提前告诉你他们的策略是什么，你需要和这五个人分别进行多轮游戏，并在过程中决定自己的策略。（如果读者想亲自体验这款游戏，建议先跳过下面的文字，不要阅读哦！）

复读机

"哈喽！我第一次会出'合作'，但是之后，我会选和你之前一轮一模一样的选择哦，嘻嘻。"

千年老油条

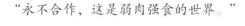

"永不合作，这是弱肉强食的世界。"

万年小粉红

"我们大家做朋友吧！"

黑帮老铁

"你小子给我听好，我会先给你面子，跟你'合作'，如果你听话，那咱们的生意就继续做下去。但是你要是敢'欺骗'我，呵呵，死到临头我也不会再合作！"

福尔摩星儿

"分析人是我的特长，游戏开始我会'合作''欺骗''合作''合作'。如果你反过来欺骗我，我就会像复读机那样跟着你出牌。如果你一直不欺骗回来，那我就会像千年老油条那样榨干你。这都是行走江湖最基本的套路啊，我亲爱的花生儿。"

在游戏中，与五个角色对战

此后，游戏的复杂程度层层升级，首先，它会让这五个人互相对战，让你猜测、观察他们的收益成果。然后，改变游戏的规则，从"积分制"到"淘汰制"。

138

1. 玩游戏

让玩家相互之间进行比赛，然后
记录分数。

2. 除掉输家

去掉五个最差的玩家。（如果分
数一样就随机取五个）

3. 繁殖赢家

把最好的玩家克隆五个。（如果
有并列就随机抽取）

从"积分制"到"淘汰制"的规则改变

此外，游戏也考虑到人不一定能够永远遵循自己的原则，可能会不小心犯错，或者产生意外。

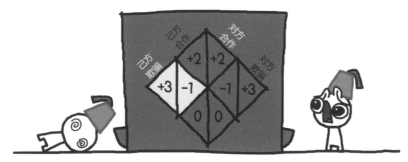

游戏中意外导致的"欺骗"

有的人也许本想合作，却因为投币前不小心摔倒而"欺骗"了对方。

不仅如此，游戏还会不断拓展，改变它的规则，或改变游戏的起始状态，例如：持不同策略的人数比例，大家不小心"犯错"的概率，每局比赛的获利数量，等等。游戏允许玩家自己自由地调整这些变量，去观察结果的差异，在这种亲身体验中，感受信任的可贵与来之不易。最后，创作者想要告诉我们的是：短期来讲，游戏的规则似乎决定了玩家行为；但是长期来说，决定游戏的正是我们这些玩家。

开发者语

"所以，我们每个人都行动起来，做力所能及的事，去创造可以让信任进化的条件。建立人际关系，努力寻求双赢，沟通尽量清晰。或许到了那个时候，我们能够停止向对方开火，走出各自的战壕，穿过战争的无人地带来到彼此面前……"

——尼基·凯斯

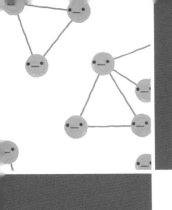

群体的智慧与愚蠢（The Wisdom and/ or Madness of Crowds）

—— "乌合之众"

新加坡 | Nicky Case | 2018

为什么在历史上，群众有时会陷入极端的无知与狂热，有时又会展露出集体的智慧？这款游戏用简单的数学模型模拟了人对他人的认知、个人与集体的关系等社会学理论。玩家只需要随意地在代表"个人"的形象之间连接或切断关系线，便可理解人与人之间的关系网对观念传播的影响。

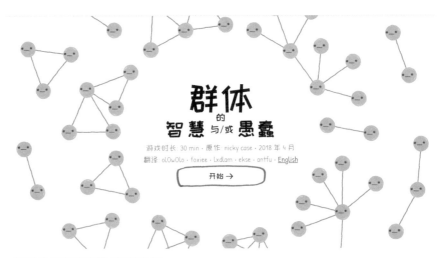

《群体的智慧与愚蠢》游戏封面图

游戏的交互很简单，玩家需要做的就是在人与人之间连线，或擦除已有的连线，这代表他们之间的信息联通或隔绝。作者会设定信息在人与人之间传播所需的不同条件，玩家则需要通过连线、断线来完成传播任务。

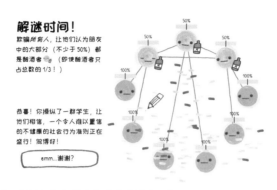

《群体的智慧与愚蠢》游戏截图（一）

人与人之间的交际关系会影响每个人对世界的整体认知。

《群体的智慧与愚蠢》游戏截图（二）

通过合理地建立联系，使思想在人群中传播。

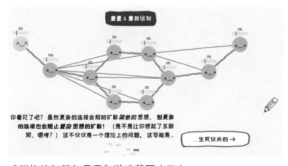

《群体的智慧与愚蠢》游戏截图（三）

不经挑选地建立过多的连接，也可能阻止思想的传播。

永不孤单（Never Alone）

—— "探索神秘的冰原世界"

美国｜Upper One Games｜2014

　　《永不孤单》是一款由游戏公司 Upper One Games 与美国阿拉斯加原住民因纽皮雅特人（Iñupiat）合作开发的横版冒险类游戏，游戏剧情取材于当地代代相传的阿拉斯加民间传说，为玩家讲述了一位因纽特原住民女孩与一只白狐的感人故事。游戏用传统的因纽皮雅特艺术风格来打造出令人印象深刻的自然景象、光影效果、关卡和人物角色。

2015 英国电影学院奖（BAFTA）：最佳新秀游戏

2015 变革游戏奖（Games4Change）：年度最佳游戏、最具影响力游戏

《永不孤单》游戏海报

在这款游戏中，小女孩努娜（Nuna）和白狐作为主要角色贯穿始终，玩家可以通过操作主角努娜和她的白狐同伴解决谜题，完成以阿拉斯加原住民故事为蓝本的八个关卡。游戏采用章节性设置，并辅以介绍性的短视频，为玩家揭开美洲原住民的神秘面纱。该作堪称利用游戏媒介传承民族文化的典范。

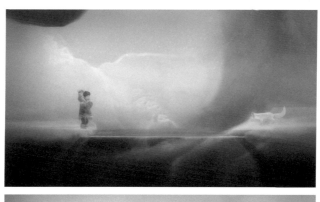

《永不孤单》游戏画面

Unity 3D 游戏引擎的物理、粒子和天气模拟系统在此款游戏中得到了建设性的运用。游戏力求完美地呈现阿拉斯加北极圈内令人心旷神怡的美景，暴风雪也成为影响玩家行动的重要因素。细节刻画塑造出逼真的极地风雪天气，在提升代入感上起到了至关重要的作用。

《永不孤单》设计稿　极具特色的作画方式。笔触、角色形象都充分体现了冰原世界的特色。

　　《永不孤单》诞生于一个极具包容性的开发和出版过程，其中阿拉斯加原住民（长者、讲故事的人、语言学家、历史学家、年轻人等）对每一个创意和商业决策做出了重大贡献。这些（长者、讲故事的人、猎人等）珍贵的访谈视频也被放进了最终的游戏里，随着游戏进程的推进，玩家将能逐一解锁。这些一手访谈资料为整个体验提供了额外的深度和丰富性。

144

前期实物调研

因纽皮雅特老人米妮·格雷（Minnie Gray）在录制中

团队在北极进行实地考察

团队在阿拉斯加非营利性组织 CITC 开展的研讨会

　　《永不孤单》的创作者们希望通过这款游戏，向世界呈现阿拉斯加原住民的故事与文化；也希望这种基于独特人类文化、传统故事进行游戏开发的模式，能够拓展到更多不同的文化、不同的故事和不同的游戏类型中。

这是我的战争（This War of Mine）

—— "在战争中，并非每个人都能成为士兵"

波兰 ｜ 11 Bit Studios ｜ 2014

　　这是一款战争主题游戏，与以往大家熟知的战争题材游戏不同的是，在这款游戏中，玩家扮演的不是士兵，而是被笼罩在战火阴影下的平民，为了生存，昼伏夜出，在城市废墟中搜刮需要的资源。废墟之中也有其他各色各样的幸存者，是帮助他们一起渡过难关，还是杀死其他幸存者保全自身？所有的决定都掌握在玩家自己手中。

《这是我的战争》游戏海报

2014 《时代周刊》（Time）：年度最佳游戏（Best Game of 2014）

2015 IGF 国际独立游戏节（Independent Games Festival）：观众奖（Audience Award）

2015 变革游戏奖（Games4Change）：最佳游戏玩法（Best Gameplay）

2015 变革游戏奖（Games4Change）：大众选择奖（Peoples Choice Award）

游戏开篇就会告诉玩家，其所处的游戏世界发生了不可逆转的国家内战与暴乱，玩家的目标就是尽可能地活下去，支撑到战争结束。玩家操纵人物在白天建设自己的生存基地，即一个破旧的楼房；夜晚的时候，操纵人物在破败不堪的城市中搜寻物资，以帮助角色们生存。

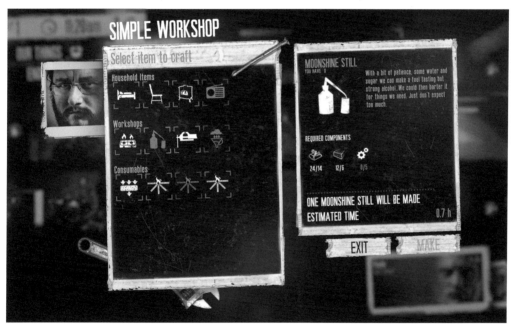

从城市里搜寻到的材料和物品可用来制作多样化的道具和设施

游戏中剧情都是未知的，游戏的进展也会根据玩家的选择而发生巨大的变化。其中最困难的是，玩家夜间出门搜寻物资时可能会遭遇各种事件。如果遇到强壮的幸存者驱赶自己，导致空手而归，整个避难所里的人第二天就可能都要挨饿甚至生病；但即使玩家自己的角色足够强大，能够战胜对方，从而掠夺了对方的私人物资，回到避难所后又会受到自我的内心谴责。在这个游戏中，每一个决定都变得沉重而艰难，为了生存，人类最原始的本性开始暴露。

《这是我的战争》游戏场景（一）　图中文字："你要杀了我们吗？"

　　这张图里的角色是游戏中一对令人印象深刻的老夫妇，许多玩家都会在游戏初期遇到这两位手无寸铁的老人。玩家即使不伤害他们，但拿走了他们家中的食物和药品，在游戏的后期再次来到这个房子时，也会发现他们已经饿死在家中。这给许多玩家带来了极大的震撼和良心上的谴责。

《这是我的战争》游戏场景（二）　图中文字："我儿时常常和父母一同来这里。"

《这是我的战争》游戏场景（三）　图中文字："我真希望这一切可以重来，可我又有什么别的选择呢？"

在《这是我的战争》中，每一个幸存者都有自己的性格与背景故事。在战争前，他们曾是数学家、运动员、律师、音乐学院的学生……为了使每个角色都有血有肉，创作团队为他们撰写了有关其身份的完整词条，工作人员们甚至亲自出镜拍摄了其中一些人物的肖像。

安东（Anton）

"我之前遇到的不是令人无法忍受的流浪汉，就是彻头彻尾的歹徒。但我总觉得你们不一样。对于像我这样有一定地位的科学家来说，我需要具有良好心智的人的陪伴。此外……哦，该死，我编不下去了！我只是一个什么也不懂的糟老头，非常感谢你们，我已经一个人流浪了太久了，真的太久了。"

艾米丽亚（Emilia）

"既然我们现在困在一起，我不妨谈一谈我和我的家人吧。我的父亲是一个非常务实的人，他常提醒我们财务安全的重要性。这也是我像他一样成为一名律师的原因，我的妹妹则成了一名医生。战争爆发时，我们家银行账户上有着非常可观的储蓄，但这些钱很快就完全失去了价值，银行关门了，我们也没有任何的外币现金。转瞬之间，我们变得一贫如洗。"

马林（Marin）

帕夫列（Pavle）

"有什么东西坏了吗？我能帮你修好。周围有什么无用的垃圾，我也可以用它们制作有用的东西。而且我不会浪费材料——不管是什么材料……零件、木材、塑料管子……我还会制作各种工具、家具、火炉、加热器，等等。只要给我足够的时间，我就能把这里装扮得像个像样的家。要是这像打理我自己的家一样简单就好了。"

"在这该死的一切发生之前，我和我的妻儿生活在城市里最繁华的地段。我已经很久没有看见他们了，但愿他们没事。我现在情况很不好，你们也能看得出来。谁会在战争期间需要一个足球运动员呢？在每天都性命堪忧的情况下，没人会在乎体育这种事情。所以我就像其他人一样每天在废墟中寻找物资，祈求有好事发生。"

萨拉热窝中心体育馆附近的墓地　该体育馆曾是 1984 年冬奥会室内冰上运动场馆。

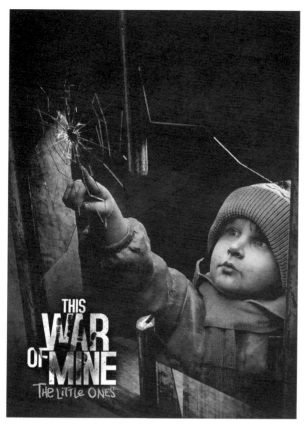

游戏中的历史背景为萨拉热窝围城战役。这是现代战争史上时间最长的围城战役，是波斯尼亚战争的一部分。波斯尼亚和黑塞哥维那首都萨拉热窝从 1992 年 4 月 5 日至 1996 年 2 月 29 日遭到南斯拉夫人民军与塞族共和国陆军围困。这场世界历史上最长的城市围困战争，造成了超过 11000 人的死亡，其中包括千余名儿童。

《这是我的战争：孩子们》游戏海报　《这是我的战争：孩子们》（*This War of Mine: The Little Ones*）是游戏于 2016 年推出的 DLC，聚焦于战争对孩子们的影响。

纸境（Tengami）

——"一本可互动的立体书"

英国｜Nyamyam｜2015

　　《纸境》是一款以日式立体书形式巧妙建构而成的和风冒险游戏，玩家通过翻页、折叠、滑动等简单而符合直觉的互动方式来进行解谜。游戏选择纸艺作为画面载体，分春、秋、冬三季为三个章节来展现。游戏操作简单，注重画面效果与音乐相互配合。

2012 奇妙之夜（Sense of Wonder Night）：官方选择奖（Official Selection）

2014 游戏连接（Game Connection Paris）：最佳视觉艺术

《纸境》游戏截图

虽然是一款解谜游戏，但谜题的难度并不高，将之定义为一款可互动的艺术品或许更为恰当。值得一提的是，《纸境》中的场景是"真正的"立体折叠书——在游戏中看到的所有结构，都可以在现实中用纸、剪刀与浆糊制作还原出来，游戏中呈现的这些立体结构折叠、展开的原理和过程都是与现实一致的，游戏团队为了保证这一点花了很多心力。

《纸境》概念美术

《纸境》雅致的视觉风格、独特的游戏过程、摄人心弦的和风民乐，让玩家沉浸于日本古老的神话传说当中。体验幽暗的森林以及宁静的山涧水瀑，并找出枯萎凋零的樱花树背后的秘密。

健　康

借助游戏的力量来关爱患者、培训医生，

为人们的健康筑起希望的桥梁。

Health

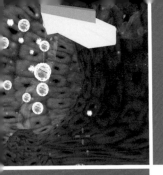

重整使命（Re-Mission）

—— "关爱年轻的希望"

英国 ｜ Nyamyam ｜ 2006

　　《重整使命》是一款为年轻癌症患者设计的游戏，它通过娱乐的形式来吸引患者，并对癌症治疗相关的特定心理和行为产生正向影响。玩家通过在游戏中扮演纳米机器人，进入患者身体内部，挑战关卡、消灭癌细胞。在这个过程中，患者能更了解他们自身的病情，学习如何有效对抗癌症。研究结果显示，与未参与游戏的患者相比，尝试进行游戏的患者在癌症治疗的配合、疗效、生活质量等方面都有显著改善。

《重整使命》早期游戏光盘封面

游戏包含 7 种不同的癌症类型、19 个不同状况的患者信息（覆盖不同性别、种族、年龄、疾病阶段）以及 20 个难度不同的关卡。

游戏主角（Roxxi）在脊髓中对抗癌细胞

对淋巴结使用化学治疗以对抗癌症

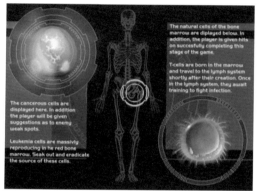

游戏中关于白血病的知识教学

小患者正认真地体验《重整使命》

这款游戏由帕姆·奥米迪亚（Pam Omidyar）构思，非营利组织"希望实验室"（HopeLab）基金会设计，加藤教授提供指导，年轻癌症患者、肿瘤医生和护士还有游戏开发商（Realtime Associates）等共同参与制作。"希望实验室"作为一个社会创新实验室，专注于设计基于科学的技术，以帮助青少年和年轻人改善健康。目前，"希望实验室"已经向癌症患者及其家庭的年轻人以及世界各地的肿瘤医疗工作者和机构免费提供《重整使命》游戏。

计划指挥官（Plan-It Commander）

—— "让游戏抓住你的注意力"

荷兰 ｜ Heartbeat Ventures ｜ 2013

这是一款针对注意缺陷与多动障碍（ADHD）的游戏，可以为相关儿童提供帮助。在游戏中，儿童扮演太空船长的角色，在整个宇宙中寻找稀有矿物。每个任务都含有冒险的故事情节和一定的学习目标，研究证明其可以有效加强儿童短期记忆，提高儿童的时间管理技能和社交技能。

《计划指挥官》游戏截图

2013 DUTCH GAME AWARDS：最佳应用游戏设计、最佳严肃游戏奖

2014 The Fun & Serious Game：最佳健康严肃游戏

游戏面向的用户群体是 8~12 岁的多动症儿童，游戏为这些小玩家建立的学习目标是，提升他们的一些日常生活技能——包括时间管理、制定计划、社交等。对于如何将这些行为性学习目标转化为合适的游戏机制，制作团队严格参考了相关的心理学理论，例如自我调节模型（Self-Regulation Model）、社会认知理论（Social Cognitive Theory）和学习理论（Learning Theory）等。

此外，创作团队在开发游戏的过程中也一直与目标用户群体（儿童）一起工作，征求他们的意见，测试他们玩游戏时体验到的乐趣。

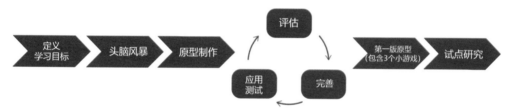

游戏开发各阶段示意图

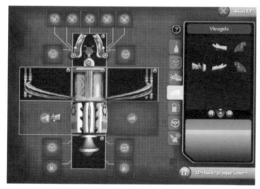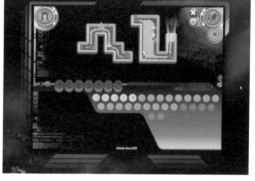

《计划指挥官》游戏截图

游戏中的人物角色

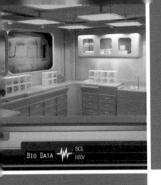

空中医疗 1（Air Medic Sky 1 ）

—— "通过游戏，让医生更好地成为医生"

荷兰｜University Medical Center Utrecht｜2011

《空中医疗 1》是一款开创性的严肃游戏，由 Visionshift 工作室与荷兰乌得勒支大学医学中心合作设计。游戏使用了生物传感器等技术，可以在年轻医生临床职业生涯的早期阶段训练其保护患者生命安全和自我压力管理的能力。

2011 国际严肃游戏奖（International Serious Play Award）：金奖、最佳表现奖

2011 严肃游戏展示与挑战 (SGS&C)：最佳商业奖（Best in Business）

《空中医疗 1》游戏场景

这款游戏的目的并不是教授医学知识，而是帮助医生在现实世界中合理使用医学知识。在医学课程中习得的疾病知识十分重要，但如何在各种场合进行正确运用也是治疗中关键的一环，而这款游戏可以对此提供帮助。它为医学生们提供了一个安全有效的实践方式，使他们能够更加顺利地成为优秀的医生。

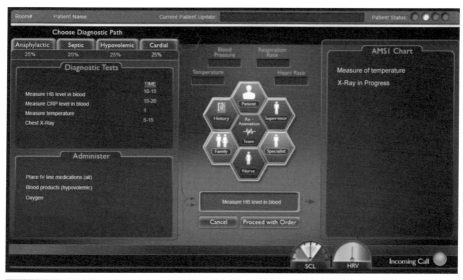

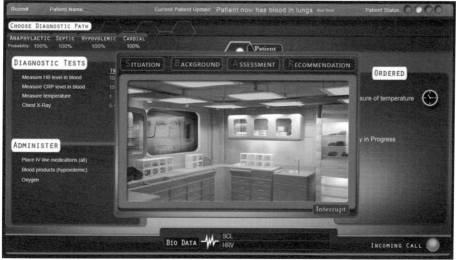

《空中医疗 1》游戏截图

寻找教授（Ready Rufus: Find Professor Tapps）

—— "共同改变血友病患者的世界"

英国｜Pfizer｜2018

《寻找教授》是一款为血友病幼儿患者定制的桌面棋盘游戏，由帕米拉·加藤教授担任首席游戏设计师。这是为共同改变血友病患者的世界所迈出的一步。这款游戏的开发由辉瑞公司发起并资助，融合了卫生保健专业顾问、患者顾问、游戏设计专家、创意机构等多方力量。

《寻找教授》游戏实物

2018 PM 协会奖（PM Society Award）：银奖

2019 国际严肃游戏奖（International Serious Play Award）：银奖

与这次展览展出的大部分游戏不同，《寻找教授》是一款桌面游戏。

辉瑞公司早期对临床医生的采访显示，为年轻的血友病患者开发相关技能，必然需要他们的家庭成员参与。为了解决年轻血友病患者的需求，主创人加藤教授判断，将这款游戏开发成患者可以和家人一起玩的多人游戏是有意义的。基于这个判断，他们认为实体的棋盘游戏可能比电子游戏更适合这样的家庭应用场景。

加藤教授通过平板远程参与游戏测试

项目启动后，加藤教授以及其在考文垂大学的同事开始围绕项目展开严谨的背景研究。研究涉及对血友病患者进行非医疗干预，以及棋盘游戏如何影响玩家行为等方面的研究文献。同时，他们还通过一对一的访谈、焦点小组、用户测试，以及对医疗专业人士（心理学家、护士、医生）和目标病人及其家庭成员的调查，来收集数据。他们试图将"冷冰冰"的研究结果转化为更有意义、更吸引人的游戏内容。

章鱼道场（Tako Dojo）

——"和小章鱼一起玩游戏，在娱乐中学会与糖尿病共存"

意大利 | Grifo multimedia srl | 2018

　　章鱼道场坐落在一个受东方文化启发的幻想世界中。"Tako"在日语里是"章鱼"的意思，这只小章鱼会陪伴小玩家一起抗击糖尿病。这款帮助1型糖尿病年轻患者的游戏，共包含6款严肃小游戏，目的在于督促和监控儿童糖尿病患者的日常生活和治疗，鼓励患者自强不息，独立管理自身疾病，通过游戏的方式提高患者治疗的依从性。

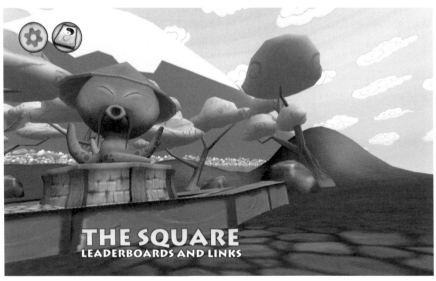

《章鱼道场》游戏场景

由于糖尿病无法治愈，治疗的手段主要集中在患者监测其血糖水平，调节食物摄入和身体活动，以及自我注射胰岛素等方面。也就是说，患者需要在管理自己的治疗方面有充足的知识和积极的自主意识。为了实现这一点，最好的办法就是让病人感觉到这个过程是愉快的。《章鱼道场》围绕糖尿病管理过程设计了游戏的故事，并鼓励玩家经常进行测量以获得积分。

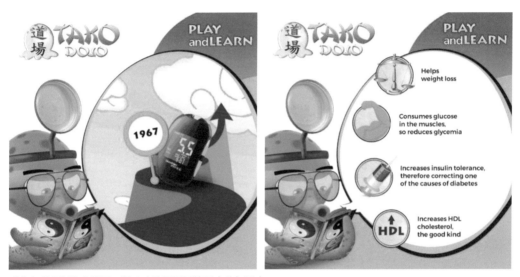

《章鱼道场》游戏截图　游戏中涉及关于糖尿病的知识点。

游戏主体由 1 个冒险游戏和 5 个迷你小游戏共同构成，这些游戏可以起到吸引和激励患者的作用。为了在游戏中取得进展，玩家必须运用他们了解到的血糖管理的基本知识。此外，在现实世界中的行为（例如，保持一定的运动量，定时检测血糖情况等）也会被给予游戏化的奖励。游戏可以与特定的血糖监测设备连接，从而自动同步数据，调整患者的游戏排名。

肿瘤医生（Tumor Doctor）

—— "我们希望用游戏的方式让大家真切感受到人与疾病对抗的过程，并且获得生命的启示。"

中国｜成都幽游互动科技有限公司｜2016

　　这是一款癌症治疗模拟游戏。在游戏中，玩家将扮演一名救死扶伤的肿瘤医生，需要在病人经济能力有限、信心不断下降的情况下，考虑可能的最佳治疗方案，为病人解除病痛，帮助他们树立生活的信心。

《肿瘤医生》游戏主视觉图

《肿瘤医生》游戏宣传图

166

游戏为闯关类设计，每一个关卡的病人都有不同的情况，玩家需要认真权衡患者体力、免疫力、消灭肿瘤三者之间的关系，谨慎选择不同的治疗策略，还要在患者有限的经济条件下应对层出不穷的并发症。游戏提供了放疗、化疗、手术、靶向药等多种多样的治疗方案，还有数十种不同的并发症及对症药物，玩家需根据患者实时的身体情况选择合适的治疗方案，在有限的时间内抢救患者的生命。游戏帮助用户培养好的生活习惯和树立信心，帮助用户更好地抵抗疾病。

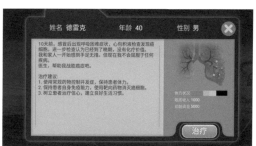

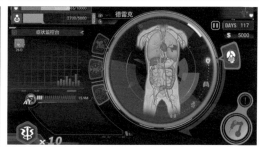

《肿瘤医生》游戏截图

在医患关系紧张的今天，这款游戏的出现有着特殊意义。游戏的投资人是一位晚期肺癌患者，这也使我们在游戏中感受到患者内心深处对生命的呐喊。

开发者语

"我们希望这样一款游戏不是单纯地贩卖情绪，而是能够通过模拟的方式让人感受到与疾病对抗的过程，并从中获得启发。我们希望以足够的科学性来模拟肿瘤的发展和治疗，同时让玩家感受到医生、患者、家属三方面的情绪发展，从而最终获得一些启示。"

——制作人 胡晚至

167

致　谢

　　该图册最初是 2018 年策划举办了"重识游戏——功能与艺术游戏大展"后，为了记录展览内容而制作的展览图册资料。当时主要是作为内部报告送发给领导、合作伙伴以及支持和参与 2018 年这次展览的同仁们。

　　2019 年至 2021 年，我结合自己在游戏领域的一些教学积累，完成了一本关于游戏理论的拙作《重识游戏》。而当年组织策划这次游戏展览对我本人帮助很大，也对于后来著写这册理论书起到了至关重要的作用。所以，在大家的鼓励和支持下，展览图册这部分内容也又经反复打磨、修订，现随着理论书的印刷出版，作为赠册献于读者。虽然展览内容已有时日，但当初参展的许多游戏在今天依然很出色，甚至成为经典，如果这些资料能对读者朋友们有一点帮助，我们将非常愉快。

　　此外，2018 年展览时，有太多的领导、朋友、企业、同仁给予了大量的支持。之前的内部图册也早就一扫而空，故又借《重识游戏》一书出版之际，再为印制图册，以纪念展览，也记录下所有对游戏行业关心的同仁们共筑的事件，也在此感谢所有帮助过 2018 年功能与艺术游戏大展的人们。

　　感谢一直以来支持我在游戏领域探索实验的领导，我的恩师马刚教授，以及时任院长的王中教授。

　　感谢莅临当时展览的各部委领导，还要感谢年轻的干部吕吉洋先生，吕先生自身也是一位资深的游戏玩家，为推动展览做出了很大贡献。

感谢策展团队，尤其感谢于上先生的支持，还有一直以来的我的助手黎晓晴，以及西安墨舞团队的小伙伴们，当然还有已经写在书里的策展成员们。

感谢所有参展的国内企业、工作室：腾讯游戏、NExT Studios；网易游戏、网易 Starry 工作室《绘真妙笔千山》团队；心动游戏、Taptap；日头游戏（Sunhead games）；Tag Design 主理人孙勇先生；交典创意《蜡烛人》制作人高鸣先生；队友游戏《鲤》制作人李喆先生；手领科技。

感谢特蕾西·富勒顿（Tracy Fullerton）教授、帕米拉·加藤（Pamela Kato）教授、安德烈·托马斯（Andre Thomas）教授。

感谢前来参展的美国、英国、瑞典、捷克、波兰、新加坡、法国、加拿大、德国、澳大利亚、意大利、荷兰、泰国的游戏工作室。

张兆弓

170

展览执行

主 办 方　中央美术学院　中国文化娱乐行业协会
承办单位　中央美术学院城市设计学院　中央美术学院美术馆
　　　　　中国文化娱乐行业协会游戏分会
承办企业　北京米迪未来教育科技有限公司　西安墨舞网络文化传播有限公司
鸣谢单位　国家艺术基金

总 顾 问　范迪安
监　　制　王 中　孔 明
策 展 人　张兆弓
策划团队　黎晓晴　熊娅莉　冯雨佛　蒋 轲　于 上　贺 丹　靳 刚　武子伦
　　　　　徐 锋　谭 维　赵丹妮　郑美术　崔曦文　王宜敏　姚 洁　池仿仿
　　　　　张诗千
项目协调　刘希言　高 高
展览管理　吴 鹏　马 亮　刘严卿　张雪松　赵 端
媒体宣传　何一沙　吴 靖　丁 怡　李 标　侯懿倞
设计协调　纪玉洁　赵玉民　杨绍谆
公共教育　任 蕊　姚轶群　梁 雯
发展推广　孙 炜　耿菁华
行政支持　蒋思好　杨 柳　岳君瑶　张 倩　林文文　庞 威　贺 娟
影像工作　高 宇　吴 凡　陈叶子　赵 端
后勤安保　朱永康　陈小华　仝 领　姜玉霞　赵启文　李宗平
志 愿 者　龚 晨　李 肖　伦芷晴　林晟杰　王 昕　徐世雯　肖 婵　张 澳
　　　　　李紫煊　刘文韬　谢海亭　袁 梦　孙 懿　刘驿璐　李昌隆　谭毓泰
　　　　　王歆童　石佳昕　王一迪　王蔺珏